MORALE

ET

ENSEIGNEMENT CIVIQUE

A L'USAGE DES ÉCOLES PRIMAIRES

COURS MOYEN ET COURS SUPÉRIEUR

PAR

Louis LIARD

RECTEUR DE L'ACADÉMIE DE CAEN.

Ancien élève de l'É. Normale supérieure, licencié ès sciences
Docteur ès lettres, agrégé de philosophie
Lauréat de l'Institut

PARIS
LIBRAIRIE LÉOPOLD CERF
13, RUE DE MÉDICIS, 13

1883

MORALE

ET

ENSEIGNEMENT CIVIQUE

VERSAILLES
CERF ET FILS, IMPRIMEURS
59, RUE DUPLESSIS

MORALE

ET

ENSEIGNEMENT CIVIQUE

A L'USAGE DES ÉCOLES PRIMAIRES

(COURS MOYEN ET COURS SUPÉRIEUR)

PAR

Louis LIARD

RECTEUR DE L'ACADÉMIE DE CAEN,

Ancien élève de l'École Normale supérieure, licencié ès sciences.
Docteur ès lettres, agrégé de philosophie,
Lauréat de l'Institut.

PARIS

LIBRAIRIE LÉOPOLD CERF

13, RUE DE MÉDICIS, 13

1883

AVERTISSEMENT DE L'ÉDITEUR

Voici un nouveau Manuel de morale à l'usage de l'enseignement primaire. Il n'est pas écrit tout à fait sur le même plan et d'après la même méthode que ceux qui ont paru jusqu'ici. C'est là sa raison d'être.

L'enseignement moral à l'école primaire est à la fois affaire d'éducation et affaire d'instruction. L'éducation morale, dont le but est de faire prendre à l'enfant de bonnes habitudes, doit être l'œuvre personnelle du maître; la lecture d'un livre si bon qu'il soit ne saurait remplacer cette action de tous les jours, qui s'inspire des circonstances, se plie aux variétés des caractères et des tempéraments, et procède par impressions, non par démonstrations. Mais cette éducation ne rend pas inutile l'instruction morale proprement dite; loin de là, elle la réclame comme un complément nécessaire. Un des résultats de l'enseignement qu'il reçoit à l'école, est d'éveiller la réflexion de l'enfant. Les questions morales dont on lui aura parlé n'échapperont pas à sa curiosité. Quel péril, si faute d'une instruction suffisante, qui réponde à ces questions, les effets de l'éducation reçue se trouvaient compromis! Il faut donc, moins en vue du présent qu'en vue de l'avenir, que l'enfant ait appris et ce qu'est le devoir, et comment tous nos devoirs découlent d'une source commune.

C'est là le but de l'instruction morale. Il ne s'agit pas de donner à l'enfant des recettes et des préceptes, de frapper son imagination ou de toucher son cœur par des récits et des exemples; il faut lui démontrer ses devoirs, et cela d'une manière sobre, nette et bien dépouillée.

Est-ce chose possible à l'école primaire? L'auteur de ce livre l'a pensé et il s'est efforcé de mettre à la portée d'enfants de onze à treize ans les principes les plus élevés de la morale. Son livre, bien qu'entremêlé de récits, d'exemples et de dialogues, procède de la méthode démonstrative et non de la méthode intuitive. La morale n'est pas affaire d'intuition, au sens où l'on prend ce mot dans la pédagogie des écoles; elle est affaire de démonstration. Le devoir est un ordre; par suite, il se démontre, et il ne suffit pas de le montrer pour le faire accepter.

L'auteur en tentant cet essai a-t-il trop présumé de ses forces ou de l'intelligence des enfants auxquels il s'adresse? Les maîtres le verront à l'épreuve. Nous pouvons seulement dire ici que les chapitres les plus difficiles du livre, ceux qui paraîtront au premier abord les plus abstraits, ont été, avant d'être publiés, mis en expérience dans un assez grand nombre d'écoles. Nulle part ils n'ont paru hors de la portée des enfants du cours supérieur.

C'est aux élèves du cours supérieur que le livre est surtout destiné ; mais certaines parties en sont accessibles aux élèves du cours moyen. Seulement, le Livre Ier, intitulé Principes généraux de la morale, devra être réservé pour le cours supérieur. Il n'y aura aucun inconvénient à faire commencer les élèves du cours moyen par le Livre II ; après avoir étudié leurs devoirs dans la famille, leurs devoirs envers eux-mêmes, et quelques-uns de leurs devoirs envers leurs semblables, ils reviendront, dans le cours supérieur, vers la source du devoir, et ils verront comment les devoirs qu'ils ont appris déjà à connaître, en découlent. On a voulu laisser les principes en tête de la morale, pour en bien marquer le rôle et la prééminence.

A la fin de certains chapitres on a mis quelques extraits des lois françaises. Les élèves verront ainsi quelle concordance existe entre les lois de leur pays et certains des commandements de la conscience ; ce sera pour eux, on l'espère, un nouveau motif de respecter ces lois ; ils verront aussi par là d'une manière frappante que le domaine des lois positives est moins étendu que celui de la loi morale.

Les exercices placés à la fin de chaque chapitre pourront être traités oralement ou par écrit.

Les résumés devront être appris par cœur.

Quant à l'enseignement civique, qui forme la seconde partie du livre, l'auteur s'est inspiré des intentions du Conseil supérieur de l'instruction publique, qui a placé cet enseignement parmi les matières de l'éducation intellectuelle. Le plan suivi est fort simple et conforme, de tout point, aux méthodes générales de l'enseignement primaire. L'enfant passera de la commune au canton, à l'arrondissement, au département, aux grands services de l'État, puis aux pouvoirs publics, et enfin aux principes généraux de notre droit public.

PRINCIPES DE MORALE

ET

NOTIONS D'ENSEIGNEMENT CIVIQUE

PREMIÈRE PARTIE

PRINCIPES DE MORALE

LIVRE IER

PRINCIPES GÉNÉRAUX DE LA MORALE

CHAPITRE Ier.

LA LIBERTÉ.

Seul, parmi tous les êtres qui sont sur la terre, l'homme a des devoirs[1]. Cela tient à plusieurs causes que nous examinerons l'une après l'autre. La première, c'est que seul parmi tous les êtres l'homme est **libre**.

Qu'est-ce qu'être libre? — Vous allez sans doute me répondre : « C'est pouvoir faire ce qu'on veut. Ainsi en ce moment nous ne sommes pas libres de chanter, de courir,

de nous amuser, parce que nous sommes en classe ; mais
une fois la classe finie, une fois sortis de l'école, nous serons
libres de faire tout ce que nous ne pouvons pas faire en ce
moment. »

Eh bien! mes enfants, ce n'est pas de cette façon d'être
libre que je veux vous entretenir ici. La liberté dont je vais
vous parler ne vous est pas donnée à certaines heures et
retirée à certaines autres, vous l'avez toujours, car elle est
en vous naturellement[2], vous l'avez comme l'oiseau a des
ailes, comme vous avez des yeux et des oreilles, des jambes
et des mains. Écoutez-moi bien.

Vous voyez cette pierre que je tiens entre les doigts.
J'ouvre les doigts, que va devenir la pierre? — Vous n'hé-
sitez pas à répondre : elle va tomber. Il ne vous est pas
venu à l'idée que cette pierre, au lieu de tomber droit[3] sur
le sol, pouvait rester en place, ou bien s'élever dans l'air, ou
bien encore s'en aller à droite ou à gauche, en avant ou en
arrière; elle tombe; il est impossible qu'elle ne tombe pas.

Vous avez vu le soleil se lever à l'horizon[4] du côté de
l'orient, monter dans le ciel, descendre et se coucher à
l'occident. Il ne vous vient pas à l'idée qu'à midi, par
exemple, le soleil, au lieu de poursuivre sa course vers
l'occident pourrait revenir vers son point de départ et se
coucher là où il s'est levé. Il s'avance chaque jour de l'Est
à l'Ouest ; il est impossible qu'il ne le fasse pas.

Voyons maintenant comment les choses se passent dans
l'homme.

Je suis sorti tantôt avec l'intention d'aller me promener
à environ cinq kilomètres. J'étais à moitié route, quand le
ciel s'est chargé de nuages noirs dans le lointain. Prévoyant
un orage, je me suis dit : N'allons pas jusqu'au bout; rentrons à la maison plutôt que de nous exposer à recevoir
l'averse qui se prépare là-bas, — et j'ai rebroussé chemin et
suis rentré chez moi.

En le faisant, ai-je agi de la même façon que la pierre
qui tombe quand on la lâche, et que le soleil quand il va
chaque jour du levant au couchant? — Pas du tout. Sans
doute devant la menace de l'orage il était prudent de rentrer

au logis; mais j'aurais pu me dire : Est-il bien sûr que l'orage éclate? Et puis s'il éclate, j'en serai quitte après tout pour être mouillé. Continuons ma promenade. — Au lieu de rentrer au logis, j'aurais donc pu poursuivre ma route. Enfants, c'est en cela que consiste la liberté : **prendre un parti qui ne nous est pas imposé** [5], **en sachant que nous aurions pu prendre le parti contraire.**

Mais dites-moi: ne reconnaissez-vous pas à ce signalement [6] la façon dont vous agissez, quand il vous arrive de réfléchir avant d'agir?

Rappelez-vous le jour où vous avez mis à la caisse d'épargne scolaire vos premières économies. Le maître vous l'avait recommandé; pourtant, j'en suis sûr, vous avez hésité. Que de beaux projets vous aviez faits sans doute sur l'emploi de cet argent! Réflexion faite, vous avez pensé qu'il valait mieux renoncer à ces projets et prendre un livret de caisse d'épargne. Eh bien! vous n'étiez pas forcés de le faire, comme la pierre est forcée de tomber quand on la lâche, comme le soleil est forcé de marcher du levant au couchant; vous l'avez fait librement, vous auriez pu ne pas le faire.

Comprenez-vous maintenant ce que c'est que la liberté?

RÉSUMÉ.

DE TOUS LES ÊTRES QUI SONT SUR LA TERRE, L'HOMME SEUL A DES DEVOIRS. IL NE POURRAIT EN AVOIR S'IL N'É-TAIT PAS LIBRE, C'EST-A-DIRE MAÎTRE DE SES ACTIONS. ÊTRE LIBRE, C'EST AGIR D'UNE FAÇON, EN SACHANT QU'ON AURAIT PU AGIR DE LA FAÇON OPPOSÉE.

EXERCICES.

1. Qu'est-ce qu'être libre? — Le mot libre ne se prend-il pas en plusieurs sens différents?

2. Dans quel sens entend-on que l'homme est libre, quand on dit que si l'homme n'était pas libre, il n'aurait pas de devoirs?

3. Citez des exemples de faits qui ne peuvent pas arriver autrement qu'ils n'arrivent.

4. Citez des exemples d'actions libres.

5. Définissez la liberté.

1. *Devoir*, ce à quoi on est obligé.

2. *Naturellement*, par une propriété naturelle.

3. *Droit*, en ligne droite, suivant la verticale.

4. *Horizon*, ligne circulaire qui borne notre vue.

5. *Imposé*, ce à quoi on ne peut pas se soustraire.

6. *Signalement*, ensemble d'indications auxquelles on reconnaît une chose ou une personne.

CHAPITRE II.

LES LOIS DE LA NATURE.

Maintenant comprenons bien ceci :

Tous les êtres de la nature [1] sont soumis à des lois.

Le mot loi ne vous est pas inconnu ; on s'en sert pour désigner les règles fixées par les législateurs [2] aux habitants d'un pays. Ainsi, en France, depuis le 28 mars 1882, une loi a fait à vos parents une obligation de vous envoyer à l'école de six à treize ans.

Mais il y a d'autres lois que celles de cette espèce. Celles-là sont l'œuvre des hommes ; elles sont écrites dans les codes [3] ; elles ont commencé d'exister à une date déterminée ; elles peuvent cesser d'exister. Les autres, celles dont je veux vous parler ici, sont l'œuvre de Dieu, auteur de la nature ; elles ne sont pas écrites dans les codes ; elles n'ont pas commencé d'être à une date plutôt qu'à une autre ; elles ont toujours été, et elles seront toujours tant que le monde existera. On les appelle les lois de la nature parce qu'elles ne sont pas l'œuvre des hommes, et qu'elles font partie des choses elles-mêmes. Elles sont **les règles suivant lesquelles les choses se passent.**

Considérez la nature ; elle est composée d'êtres différents ; elle comprend des hommes, des animaux, des plantes, des minéraux ; chacun de ces êtres éprouve de nombreux changements.

Vous avez grandi, vous grandirez encore ; — vos dents de lait sont tombées, d'autres ont pris leur place ; — un grain de blé mis en terre à l'automne, produit une herbe ; cette herbe pousse, il en sort un épi; cet épi mûrit et donne des grains de blé. Tous ces changements ne s'accomplissent pas au hasard et sans ordre; ils se succèdent les uns aux autres d'une façon régulière, toujours la même : avant d'être homme, il faut être enfant; avant de récolter, il faut semer. Toujours et partout les mêmes choses se passent de la même façon; il y a mille ans les grains de blé donnaient des grains de blé; ils en donneront encore dans mille ans d'ici; ils en donnent en Russie comme en France, en Amérique comme en Europe.

Cela est vrai de tous les êtres, de toutes les choses. Il y a de l'ordre partout. Ainsi toujours les saisons se succèdent dans le même ordre, le printemps, l'automne, l'été et l'hiver; partout et toujours l'eau est composée des mêmes éléments [4]; partout et toujours les animaux ont besoin de respirer pour vivre.

Ainsi dans la nature entière tout se passe suivant des règles fixes et invariables. Sans cela il n'y aurait pas de science. Le savant, en effet, ne se borne pas à savoir comment les choses se sont passées; il sait comment elles se passeront; il prédit, par exemple, les éclipses [5] du soleil et de·la lune. Pourrait-il le faire si, d'un jour à l'autre, ou d'une année à l'autre, la marche que les choses ont suivie jusqu'ici venait à changer?

Et nous-mêmes, s'il en était ainsi, que deviendrions-nous? Que deviendrait notre vie? Quel projet pourrions-nous former pour le lendemain? A quoi bon ensemencer nos champs, si nous n'avions pas l'assurance qu'après les semailles viendra la récolte?

RÉSUMÉ.

LES LOIS DE LA NATURE SONT LES RÈGLES INVARIABLES SUIVANT LESQUELLES LES CHOSES SE PASSENT. TOUS LES ÊTRES DE LA NATURE, TOUS LES ÉVÈNEMENTS QUI S'ACCOMPLISSENT DANS LA NATURE SONT SOUMIS A DES LOIS.

EXERCICES.

1. Les choses se passent-elles au hasard dans la nature?

2. Comment appelle-t-on les règles suivant lesquelles elles se passent ?

3. Ces règles sont-elles changeantes ?

4. Connaissez-vous quelques lois de la nature ? — Citez celles que vous connaissez ?

5. En quoi l'existence de lois dans la nature est-elle une des conditions de la science et de la vie humaine ?

1. *Nature*, ensemble de tous les êtres qui composent l'univers.
2. *Législateur*, celui qui fait les lois.
3. *Code*, recueil des lois humaines.
4. *Élément*, ce dont une chose est composée.
5. *Éclipse*, disparition temporaire.

CHAPITRE III.

LA LOI MORALE.

Pour vous faire voir que les différents êtres de la nature sont soumis à des lois, j'ai pris mes exemples parmi les êtres qui ne sentent [1] pas, qui ne pensent [2] pas, qui ne veulent [3] pas. L'homme n'est pas de ceux-là ; il sent, il pense, il veut ; par suite ses actions ne ressemblent pas à celles des autres êtres. La roue du moulin tourne sous le poids de l'eau qui la presse ; mais elle le fait sans le savoir, et le sût-elle, elle ne pourrait s'empêcher de le faire. Au contraire, quand vous agissez [4], vous savez que vous agissez ; vous savez pourquoi vous agissez ; vous savez que vous pourriez agir autrement ; en un mot, vous êtes raisonnables et libres.

Ne vous semble-t-il pas dès lors impossible que les actions de l'homme soient réglées d'avance par une loi naturelle, comme le sont, par exemple, les mouvements des astres dans le ciel ? Ne vous semble-t-il pas que naissant libres nous ne pouvons trouver en nous-mêmes une règle inflexible qui détruirait notre liberté ?

Il n'en est rien pourtant. L'homme est naturellement libre et maître de ses actions ; cependant, sans cesser d'être libre, il est soumis à une loi qu'il porte en lui-même, qui fait partie de lui-même. — Éclaircissons ce mystère.

Vous êtes, j'en suis sûr, de bons enfants et de bons écoliers. Qu'est-ce que cela veut dire ?

Cela signifie que, dans toutes vos actions, vous cherchez à satisfaire vos parents et vos maîtres. S'il vous vient à l'esprit quelque mauvaise idée, vous la repoussez, en vous disant : Ne faisons pas cela, mon père ou ma mère, mon maître ou ma maîtresse ne seraient pas contents. Eh bien ! mes enfants, en pensant, en agissant ainsi, vous obéissez à une règle qui est de ne pas mécontenter vos parents ou vos maîtres, de ne pas faire ce qu'ils ont défendu. Cette règle, on vous l'a sans doute apprise. Mais a-t-il suffi de vous l'apprendre pour vous la faire pratiquer ? On l'a apprise aussi à tel ou tel de vos camarades, qui, malgré cela, est resté paresseux, menteur et désobéissant. Vous, au contraire, vous êtes laborieux, sincères, dociles. Cela vient de ce que vous avez compris qu'il était bon de l'être, et que le comprenant, vous avez voulu l'être. Cette règle de conduite que vous suivez, personne ne vous l'a imposée ; vous l'avez acceptée [5] ; vous l'avez adoptée vous-mêmes ; vous vous êtes dit : Je serai laborieux, sincère et docile, et vous l'êtes, parce que vous l'avez voulu.

Comprenez-vous maintenant comment l'homme peut tout à la fois être libre et soumis à une loi ?

La loi naturelle à laquelle l'homme est soumis s'appelle la **loi morale**; elle lui commande, sans le contraindre [6] ; il peut lui obéir ou lui désobéir ; mais en lui obéissant, il ne cesse pas d'être libre, car il lui obéit, parce qu'il la trouve bonne et que pour cette raison il veut lui obéir.

C'est en cela que la loi morale diffère des autres lois naturelles ; une pierre lancée en l'air est forcée de retomber sur le sol ; l'homme doit obéir à sa loi ; mais il n'est pas matériellement forcé de le faire.

RÉSUMÉ.

L'HOMME EST SOUMIS A UNE LOI NATURELLE QUI LUI EST PROPRE. CETTE LOI S'APPELLE LA LOI MORALE ; LA LOI MORALE COMMANDE, MAIS ELLE NE CONTRAINT PAS. EN LUI OBÉISSANT, ON NE CESSE PAS D'ÊTRE LIBRE, CAR C'EST

VOLONTAIREMENT QU'ON ACCEPTE ET QU'ON EXÉCUTE SES COMMANDEMENTS.

EXERCICES.

1. En quoi l'homme diffère-t-il des autres êtres de la nature ?

2. L'homme est-il comme les autres êtres soumis à une loi ?

3. En étant soumis à une loi, l'homme ne cesse-t-il pas d'être libre ?

4. Comment peut-il se faire que l'homme soit soumis à une loi tout en restant libre ?

5. Citez des exemples d'actions faites conformément à une règle, et qui cependant ne sont pas imposées par la contrainte.

6. Comment appelle-t-on la loi de la volonté humaine ?

7. En quoi la loi morale diffère-t-elle des lois des êtres qui ne sont pas libres ?

1. *Sentir*, éprouver des plaisirs et les douleurs.

2. *Penser*, avoir des idées.

3. *Vouloir*, avoir une volonté, prendre une résolution.

4. *Agir*. faire quelque chose.

5. *Accepter*, consentir à.

6. *Contraindre*, forcer à.

CHAPITRE IV.

LES VÉRITÉS MORALES.

L'homme est un être intelligent ; il n'éprouve pas seulement des plaisirs et des douleurs ; il a des idées ; il pense ; il connaît la vérité.

Toutes les vérités ne se ressemblent pas. Il en est qui sont vraies ici et aujourd'hui, mais qui ne le sont pas ailleurs, qui peut-être ne le seront pas demain. Cette année, la récolte a été mauvaise en France ; mais elle ne l'a pas été aux États-Unis ; aujourd'hui, le soleil est couvert de nuages ; demain, peut-être, il brillera d'un vif éclat. Il en est d'autres qui sont vraies dans tous les temps et dans tous les pays. Quand je dis : la ligne droite est le plus court chemin d'un point à un autre, deux et deux font quatre, ce sont là des vérités qui ne changent pas d'un lieu à l'autre, d'un jour à l'autre. Connaissez-vous un pays où il soit plus court de faire un circuit [1] que de suivre la ligne droite ? Est-il un homme qui puisse penser que deux et deux font cinq ?

Ces vérités-là, on les appelle **vérités universelles**, parce qu'elles sont vraies dans l'univers entier, dans tous les pays, dans tous les temps, et aussi parce qu'elles sont clairement comprises par tous les hommes. Sans doute, tous les hommes ne sont pas capables de les énoncer exactement, mais tous les possèdent et s'en servent, même sans le savoir. Avant d'avoir appris que la ligne droite est le plus court chemin d'un point à un autre, vous le saviez d'instinct [2] ; — dans vos jeux, vous alliez droit au but ; — et quand on vous l'a appris, ne vous a-t-il pas semblé reconnaître, en cette vérité, une vieille connaissance?

Parmi ces vérités universelles, il en est qui nous apparaissent sous la forme d'un commandement [3]. Telles sont les vérités suivantes : Il *faut* respecter ses parents et ses maîtres ; il *faut* être bon et compatissant [4] ; il ne *faut* pas mentir ; il ne *faut* pas dérober le bien d'autrui, il *faut* servir sa patrie. Nous reconnaissons en elles des ordres auxquels nous nous sentons tenus d'obéir, que nous pouvons violer cependant, car nous sommes libres, mais si nous les violons, nous sentons que nous avons mal fait ; de même si pour prendre le plus court chemin d'un point à un autre, nous prenions une ligne courbe et non pas la ligne droite, nous sentirions que nous avons sottement agi.

Ces commandements sont les mêmes pour tous les hommes; ils ne tiennent pas des langages différents aux riches et aux pauvres, aux puissants et aux faibles, aux jeunes gens et aux vieillards, aux savants et aux ignorants ; de même qu'il n'y a pas deux façons de compter, de même il n'y a qu'une façon d'être honnête homme.

Puisqu'ils s'adressent à tous, sans distinction d'âge, de naissance, de fortune et de condition, ces commandements doivent être compris de tous. Il en est ainsi. S'il n'est pas un homme raisonnable qui puisse croire que deux et deux font cinq, il n'en est pas un non plus qui puisse penser qu'on doit outrager ses parents au lieu de les respecter, garder un dépôt au lieu de le rendre, trahir sa patrie au lieu de la servir. Sans doute il y a toujours eu et il y aura probablement toujours des fils dénaturés [5], des dépositaires [6] infidèles et de mauvais citoyens. C'est vrai ; mais nous savons que si la loi morale commande, il est au pouvoir de l'homme de la violer. Cela empêche-t-il ses commandements de s'étendre à tous les hommes ? Quand je pense à ce qu'est un père, je ne puis m'empêcher de penser, alors même que je serais un mauvais fils, qu'il faut respecter son père ; quand je pense à ce qu'est la patrie, je ne puis m'empêcher de penser, alors même que je serais un mauvais citoyen, qu'il faut servir sa patrie.

RÉSUMÉ.

LES VÉRITÉS MORALES NE CHANGENT PAS SUIVANT LES TEMPS ET LES LIEUX ; ELLES S'EXPRIMENT SOUS FORME DE COMMANDEMENTS QUI PRESCRIVENT LES MÊMES CHOSES A TOUS LES HOMMES.

EXERCICES.

1. Combien peut-on distinguer d'espèces de vérités ?
2. Citez des exemples de vérités qui peuvent changer selon les temps et les lieux ?
3. Qu'appelle-t-on vérités universelles ? — Citez-en des exemples.
4. De quelle espèce sont les vérités morales ?
5. Sous quelle forme s'expriment-elles ? — Citez-en des exemples.
6. Les commandements moraux sont-ils les mêmes pour tous les hommes ?
7. Cessent-ils d'être universels, alors même qu'ils ne sont pas suivis par tous les hommes ?

1. *Circuit*, détour.

2. *Savoir d'instinct*, savoir naturellement, sans avoir appris.

3. *Commandement*, ordre.

4. *Compatissant*, qui est touché des maux d'autrui.

5. *Dénaturé*, qui a des sentiments contraires à la nature.

6. *Dépositaire*, qui a reçu un dépôt.

CHAPITRE V.

LA CONSCIENCE.

L'an dernier, Michel eut un procès ; son voisin François

avait détourné sur sa terre le ruisseau qui arrose le pré de Michel. Michel pensait bien avoir le droit pour lui, mais comme ce n'est pas son métier de connaître les lois, il alla, pour plus de sûreté, consulter un homme de loi ; puis, bien assuré de son droit, il fit un procès à François et le gagna.

Puisque la loi morale nous commande à tous, jeunes et vieux, riches et pauvres, faibles et puissants, il faut bien que nous la connaissions tous. Comment, en effet, être tenu d'exécuter des ordres qu'on ne connaîtrait pas? Pour les connaître, nous faudra-t-il recourir aux avis d'un homme de loi ? Ce serait beaucoup de peine, et ce serait peine perdue. L'homme de loi le plus savant n'en sait pas là-dessus plus long que nous-mêmes.

La loi morale, qui n'est pas l'œuvre des hommes, n'est pas écrite dans un code ; elle est écrite dans nos cœurs en caractères que chacun peut lire et comprendre ; en langage plus simple, chaque homme **a une conscience**, comme il a des yeux, des oreilles et une raison ; les yeux sont faits pour voir, les oreilles pour entendre, la raison pour distinguer le vrai du faux, de même **la conscience est faite pour distinguer le bien du mal** ; elle dit à chacun de nous : cette action que tu te proposes de faire est bonne, fais-la ; cette autre action est mauvaise, ne la fais pas ; de même que la raison nous dit : il est vrai que deux et deux font quatre, il est faux que deux et deux fassent cinq.

La conscience est donc un juge et un maître intérieur. Ce juge et ce maître, vous l'avez déjà certainement entendu. Faites avec moi, en toute sincérité, votre examen de conscience. — Vous, Jeanne, vous avez menti l'autre jour pour excuser votre paresse ; — vous, Paul, vous avez hier, en sortant de classe, battu le petit Jean. Je ne vous rappelle pas ces fautes pour vous en faire rougir devant vos camarades ; votre repentir vous les a fait pardonner ; mais, dites-moi, en commettant ces fautes, n'avez-vous pas senti que vous faisiez mal? et pour les commettre, ne vous a-t-il pas fallu braver ¹ ce sentiment? — Vous, André, vous avez, à la dernière classe, avoué franchement une faute plutôt que de laisser punir un camarade innocent. — Vous, Marie, je vous ai vue donner hier au vieil aveugle l'argent que vous aviez reçu pour vos menus plaisirs. Ce sont là de bonnes actions, je ne les cite pas pour que vous en tiriez vanité [2] devant vos camarades; mais, dites-moi, n'avez-vous pas senti qu'en agissant ainsi vous agissiez bien, et n'est-ce pas pour cela que vous avez agi ainsi ?

A mesure que vous grandirez, le langage de votre conscience deviendra plus clair et plus précis, de même que votre raison deviendra plus ferme et plus sûre. Cependant il est des hommes chez qui la conscience se tait. Ceux-là sont bien malheureux ou bien coupables ; bien malheureux s'ils manquent de conscience comme il en est qui sont privés de l'usage des yeux et des oreilles ; bien coupables s'ils ont eux-mêmes imposé silence à leur conscience, comme il en est qui ne veulent pas voir, bien qu'ils aient des yeux, qui ne veulent pas entendre, bien qu'ils aient des oreilles.

La conscience nous dit quelles actions nous devons faire et quelles actions nous ne devons pas faire ; bien qu'elle soit naturellement en chacun de nous, il est cependant nécessaire de la cultiver. Il en est d'elle comme de nos autres facultés ; nous les possédons naturellement, mais elles ne portent pas tous leurs fruits sans culture, et sans éducation.

Vous aviez en naissant une bouche capable de parler, des yeux capables de lire, une main capable d'écrire ; cependant il vous a fallu apprendre à parler, à lire et à écrire ; vous avez une intelligence capable de connaître la vérité ; cependant il est nécessaire de vous instruire ; sans l'instruction, votre intelligence serait comme un champ en friche, qui ne produit rien. De même votre conscience : elle est faite pour distinguer le bien du mal, mais il est utile de la cultiver par l'enseignement moral, pour lui faire acquérir toute la sûreté et toute la délicatesse possibles, et surtout pour la mettre en garde contre les attraits [3] des mauvais penchants qui nous entraînent vers le mal.

RÉSUMÉ.

CHAQUE HOMME EST DOUÉ DE CONSCIENCE. LA CONS-

CIENCE NOUS FAIT CONNAÎTRE CE QUI EST BON ET NOUS ORDONNE DE LE FAIRE ; ELLE NOUS FAIT CONNAÎTRE CE QUI EST MAL ET NOUS DÉFEND DE LE FAIRE. LA CONSCIENCE, COMME LES AUTRES FACULTÉS DE L'HOMME, A BESOIN D'ÊTRE CULTIVÉE.

EXERCICES.

1. Comment connaissons-nous les ordres de la loi morale ?

2. Qu'est-ce que la conscience ? Quel langage nous tient-elle ?

3. Citez des actions que votre conscience approuve et ordonne, des actions qu'elle réprouve et défend.

4. La conscience est-elle également développée chez tous les hommes ?

5. Montrez qu'il est utile à chacun de nous de cultiver sa conscience.

1. *Braver*, affronter, mépriser, ne aire aucun cas de.

2. *Tirer vanité*, s'enorgueillir.
3. *Attrait*, ce qui attire, charme.

CHAPITRE VI.

LE DEVOIR.

Tous les commandements de la loi morale se résument dans les deux règles que voici :

1. Agissez toujours de telle façon que les raisons qui ont inspiré [1] votre conduite puissent être adoptées par tout autre homme qui serait placé dans les mêmes circonstances que vous ;

2. Dans toutes vos actions, respectez toujours la personne humaine, soit en vous-même, soit dans vos semblables, et traitez toujours l'homme comme un être d'une valeur supérieure à ce que vous connaissez de plus précieux, et non comme un instrument sans valeur propre [2], dont vous pourriez vous servir à votre gré pour votre utilité.

Ces deux règles, mes amis, voilà la loi et les prophètes. Elles vous paraissent sans doute bien obscures ; il faut pourtant les comprendre. Prêtez-moi donc toute votre attention.

Vous savez ce qui fait la différence principale entre l'homme et l'animal. L'animal agit machinalement, comme s'il était poussé par un ressort intérieur ; l'homme agit avec réflexion, en sachant ce qu'il veut, et ce qu'il fait. Certains de ses actes sont instinctifs ou habituels, et se font machinalement comme ceux de l'animal : par exemple vous portez, sans réfléchir, les bras en avant, pour amortir une chute ; de même vous écrivez maintenant sans réfléchir aux mouvements de votre main et de votre plume. Mais lorsqu'il s'agit de choses qui ne vous sont pas habituelles, agissez-vous aussitôt que l'idée vous en est venue ? Oui, si vous êtes des étourdis ; non, si vous voulez agir en hommes, c'est-à-dire en sachant ce que vous faites. Alors, vous réfléchissez, et réfléchir, c'est calculer les conséquences de son action, c'est se demander s'il vaut mieux la faire ou ne pas la faire, c'est peser le pour et le contre ; enfin, c'est se décider à agir en connaissance de cause, c'est-à-dire en sachant bien pourquoi on fait ceci et non pas cela. Toute action réfléchie est donc inspirée par une raison ; par exemple, pourquoi venez-vous à l'école ? C'est *pour* obéir à vos parents, et *pour* vous instruire.

Toutes les raisons d'agir ne se ressemblent pas : le lâche s'enfuit du champ de bataille *pour* mettre sa peau à l'abri du danger ; le brave y reste *pour* demeurer fidèle au drapeau. La grosse affaire est de savoir, quand nous sommes sur le point d'accomplir une action, de quelles raisons d'agir nous devons nous inspirer pour obéir à la loi que nous devons suivre, à la loi morale.

Notre première règle va nous l'apprendre.

Vous êtes enclin à la paresse. Est-ce votre devoir de vous y laisser aller ? — Pour le savoir, posez-vous la question suivante : Puis-je faire de la paresse une règle pour tous les hommes ? — La réponse sera nette : si personne ne travaillait sur terre, la vie humaine serait vite arrêtée, et vous ne pourriez tirer de votre paresse les avantages que vous en espériez ; le paresseux, en effet, veut vivre à ne rien faire, mais, si tous les autres hommes faisaient comme lui, il manquerait de tout, il ne pourrait plus vivre.

Vous êtes porté au mensonge. Devez-vous mentir ? —
Pour le savoir, faites-vous encore une question semblable :
le mensonge peut-il être une règle pour tous les hommes ?
— La réponse ne sera pas moins nette : si tous les hommes
mentaient, en mentant, je les tromperais, mais ils me trom-
peraient à leur tour. Dès lors, mon but serait manqué.

Il vous semble avantageux de prendre le bien d'autrui.
Devez-vous le prendre ? — Pour le savoir, demandez-vous
encore si le vol peut être une règle pour tous les hommes.
— Évidemment non, car si tous les hommes se volaient les
uns les autres, tout voleur serait volé ; et dès lors le but
du voleur serait manqué.

La patrie est envahie : elle appelle ses fils à son secours.
Que dois-je faire ? Rester sourd à sa voix, ou prendre les
armes pour la défendre ? L'amour du repos, la crainte des
fatigues, des dangers et de la mort me conseillent le premier
parti. Est-ce le bon ? Pour le savoir, je n'ai qu'à me demander si tous les citoyens peuvent s'abstenir de défendre
leur pays, pour la raison que la guerre est pleine de fatigues et de dangers. Qu'arriverait-il alors ? La patrie sans
défenseurs serait bientôt détruite, et je serais victime de sa
ruine. Mon devoir est donc clair, c'est de prendre les armes
et de marcher à l'ennemi.

RÉSUMÉ.

AGISSEZ TOUJOURS DE TELLE FAÇON QUE LES RAISONS
QUI VOUS ONT INSPIRÉ VOTRE CONDUITE PUISSENT ÊTRE
ADOPTÉES PAR TOUS LES HOMMES QUI SERAIENT PLACÉS
DANS LES MÊMES CIRCONSTANCES, ET DEVENIR POUR EUX
TOUS UN ARTICLE DE LOI.

EXERCICES.

1. En quoi l'homme diffère-t-il des animaux ?
2. Qu'est-ce qu'agir avec réflexion ?
3. Tous nos actes sont-ils réfléchis ?
4. A quoi pouvons-nous reconnaître qu'une raison d'agir est conforme à la loi morale ?
5. Citez des exemples de raisons d'agir conformes et de raisons
d'agir contraires à la loi morale ?

6. Pourquoi ces raisons d'agir vous semblent-elles les unes conformes, les autres contraires à la loi morale ?

1. *Inspirer*, suggérer, conseiller. | sivement à une personne ou à une
2. *Propre*, ce qui appartient exclu- | chose.

CHAPITRE VII.

LE DEVOIR (*suite*).

Venons à notre seconde règle. Que nous dit-elle ? Respectez toujours la personne humaine en vous et dans les autres hommes, et traitez toujours l'homme comme un être d'une valeur supérieure à ce que vous connaissez de plus précieux, et non comme une chose sans valeur par elle-même, comme un instrument dont vous pourriez vous servir à votre gré pour votre utilité.

L'homme, mes enfants, est chose sacrée. Jeune ou vieux, riche ou pauvre, beau ou laid, robuste ou chétif, puissant ou faible, heureux ou malheureux, il est homme, et à ce titre il mérite le respect [1], car il est une **personne**. Comprenez bien toute la valeur de ce mot.

Les pierres de votre maison, les plantes de votre jardin ne sont pas des personnes ; elles ne savent pas qu'elles existent ; elles n'ont pas d'intelligence ; elles n'ont pas de volonté ; — les animaux eux-mêmes dont vous vous nourrissez ne sont pas des personnes, ils éprouvent du plaisir et de la douleur, mais ils n'ont pas, comme vous, une intelligence et une volonté libre ; ils agissent par instinct et non par raison ; ils n'ont pas de devoirs à remplir.

L'homme, au contraire, a tout ce que n'ont pas les minéraux, les plantes et les animaux ; il sait qu'il existe ; il sent ce qui se passe en lui ; il est intelligent et capable de progrès ; il est libre, et il a des devoirs. Par suite, il a une valeur incomparable avec celle des autres êtres de la création ; il ne peut être traité comme une chose ou un animal ; en un mot, il est respectable.

Nous verrons plus loin quels devoirs nous impose le respect de la personne humaine ; quelques exemples suffiront ici pour vous faire toucher du doigt le véritable sens de notre seconde règle.

On soigne les bêtes de trait et les bêtes de somme ? Est-ce pour elles-mêmes ? Non assurément, mais pour les services qu'elles rendent. — Vos parents vous ont soignés dès votre enfance ; ils vous envoient à l'école. Est-ce pour les services que vous pourrez leur rendre un jour ? Non, c'est pour vous-mêmes. Ils vous traitent comme des personnes et non comme des bêtes de trait ou des bêtes de somme.

L'ivrognerie est un vice honteux. Pourquoi cela ? Regardez un ivrogne, et vous le saurez. Il ne sait plus ce qu'il fait ; il ne se possède plus ; il a perdu l'intelligence et la liberté, c'est-à-dire précisément ce qui faisait de lui une personne humaine ; il s'est rabaissé de lui-même au niveau de la brute ; il n'a pas respecté sa personne ; voilà pourquoi l'ivrognerie est un vice.

Il y avait autrefois des esclaves [2]. L'esclavage était une monstruosité, car il enlevait à l'homme la libre disposition de lui-même, c'est-à-dire ce qui fait sa valeur et sa dignité.

Il est de mauvais maris et de mauvais pères, paresseux et débauchés, qui vivent aux dépens [3] de leurs femmes et de leurs enfants ; ils sont coupables, car ils ne se respectent pas eux-mêmes et ne respectent pas davantage leurs femmes et leurs enfants.

Traiter la personne humaine comme elle le mérite, là est le secret de la morale.

RÉSUMÉ.

DANS TOUTES VOS ACTIONS, RESPECTEZ LA PERSONNE HUMAINE, SOIT EN VOUS, SOIT EN VOS SEMBLABLES, ET TRAITEZ TOUJOURS L'HOMME COMME UN ÊTRE D'UNE VALEUR SUPÉRIEURE A CE QUE VOUS CONNAISSEZ DE PLUS PRÉCIEUX, ET NON COMME UNE CHOSE SANS VALEUR OU UN INSTRUMENT DONT VOUS POURRIEZ VOUS SERVIR A VOTRE GRÉ POUR VOS INTÉRÊTS PARTICULIERS.

EXERCICES.

1. Les minéraux, les plantes et les animaux sont-ils des personnes ? — Pourquoi ne sont-ils pas des personnes ?

2. Pourquoi l'homme est-il une personne ?

3. Qu'est-ce que le respect ?

4. Pourquoi l'homme est-il un être respectable ?

5. Citez des exemples d'actions conformes au respect que la loi morale nous oblige d'avoir pour la personne humaine.

6. Citez des exemples d'actions contraires à ce respect.

---

1. *Respect*, attitude de déférence et d'égalité des personnes envers les personnes.

2. *Esclave*, celui qui appartient tout entier à un maître.

3. *Aux dépens de*, aux frais de.

CHAPITRE VIII.

LES ÉGOÏSTES.

Chacun pour soi, voilà une maxime [1] que vous entendrez souvent et que déjà peut-être vous avez entendue. C'est celle des **égoïstes**.

L'égoïste, mes amis, c'est celui qui pense toujours à lui et jamais aux autres, qui n'aime personne, si ce n'est lui, et qui se figure volontiers que dans le monde tout est fait pour lui. Vous avez déjà certainement rencontré des égoïstes : c'est l'enfant exigeant qui n'est jamais content de ce qu'on lui donne, et qui voudrait toujours davantage ; c'est le mauvais garçon ou la mauvaise petite fille qui mortifie ses camarades s'ils sont pauvres, qui les maltraite s'ils sont faibles ; — vous en rencontrerez encore : c'est le père de famille qui dépense son argent au cabaret, sans souci de sa femme et de ses enfants ; c'est le mauvais riche qui n'a pas pitié des malheureux, et les repousse ; c'est l'homme au cœur sans tendresse et sans générosité, qui n'aime personne et ne se dévoue à rien.

Pour l'égoïste, le dévouement est une sottise, et le sacrifice une folie ; sots et fous, Socrate [2] mourant pour ne pas violer les lois qui l'ont frappé injustement [3] ; — Régulus retournant en captivité pour ne pas faillir à la parole donnée à l'ennemi ; — saint Vincent de Paul [4] consacrant sa vie au service des malheureux et des orphelins ; et aussi tous ces obscurs héros [5] qui ont péri victimes de leur dévouement !

L'égoïste n'a qu'un souci : être heureux. Il ne connaît pas de devoirs ; sa seule préoccupation est de faire ce qui peut lui procurer agrément ou profit, et d'éviter ce qui pourrait l'incommoder ou lui nuire ; à ses yeux, il n'y a ni honnêtes gens, ni malhonnêtes gens, mais seulement des gens habiles qui réussissent, et des maladroits qui échouent.

Cette doctrine [6] de l'égoïsme, vous l'entendrez souvent prêcher, vous la verrez pratiquer plus souvent encore, et, si vous n'y prenez garde, vous serez peut-être tentés de la trouver bonne et vraie.

En effet, nous nous aimons nous-mêmes, et par suite nous aimons tout ce qui peut nous être agréable et utile ; c'est chose toute naturelle. Mais si notre bonheur et notre intérêt ne s'accordent pas avec notre devoir, si la conscience nous défend des choses qui nous seraient agréables et avantageuses, si elle nous en commande d'autres qui nous seront pénibles ou préjudiciables, que faut-il préférer ? Notre bonheur et notre intérêt, ou notre devoir ? La réponse n'est pas douteuse : **Fais ce que dois, advienne que pourra.** — Rappelez-vous vos frères aînés. Quand ils ont tiré au sort, ils étaient heureux à la maison paternelle ; ils avaient intérêt à y rester. Mais leur devoir était de partir ; ils sont partis, non pas simplement par crainte des gendarmes, mais pour obéir au devoir.

RÉSUMÉ.

L'ÉGOÏSME CONSISTE A SE PRÉOCCUPER UNIQUÈMENT DANS TOUTES SES ACTIONS DE SON PROPRE BONHEUR ET DE SON PROPRE INTÉRÊT. QUAND VOTRE INTÉRÊT EST OPPOSÉ A VOTRE DEVOIR, SACRIFIEZ VOTRE INTÉRÊT A VOTRE DEVOIR.

EXERCICES.

1. Quelle est la maxime des égoïstes ?

2. En quoi consiste l'égoïsme. — Citez des exemples d'actions égoïstes.

3. Notre devoir et notre intérêt sont-ils toujours d'accord ? — Citez des cas où ils sont opposés l'un à l'autre.

4. Doit-on sacrifier le devoir à l'intérêt, ou l'intérêt au devoir ?

1. *Maxime*, proposition qui sert de règle.

2. *Socrate*, voir plus loin, *le Respect des lois*.

3. *Régulus*, général romain.

4. *Saint Vincent de Paul*, fondateur de l'ordre des sœurs de charité et de diverses institutions de bienfaisance.

5. *Héros*, celui qui se distingue par un rare courage.

6. *Doctrine*, ensemble d'opinions, de façons de penser.

CHAPITRE IX.

LES ÉGOÏSTES (*suite*).

Est-il possible de confondre notre intérêt et notre devoir ? Le devoir commande : **il faut** servir sa patrie ; l'intérêt conseille : **il serait plus agréable** de rester dans sa famille que d'aller passer plusieurs années à la caserne ; — on est honteux quand on n'a pas fait son devoir ; on est fier quand on l'a fait ; le réfractaire [1] se cache, sans doute pour échapper aux gendarmes, mais aussi pour ne pas se montrer à ses camarades devant lesquels il rougirait ; le conscrit, au contraire, part le cœur gros, mais la tête haute, fier du devoir qu'il va remplir. On n'a pas de ces sentiments là quand on a réussi ou échoué dans une affaire.

Et puis, pour savoir exactement si l'intérêt est la même chose que le devoir, servons-nous de nos deux pierres de touche [2]. — En premier lieu, pouvons-nous dire que les raisons d'après lesquelles l'égoïste se conduit peuvent devenir une règle pour tous les hommes ? Si vous êtes tentés de le croire, écoutez cette histoire et vous serez détrompés.

Jacques et Mathieu étaient deux laboureurs voisins; ils avaient chacun une paire de bœufs. L'un des bœufs de Jacques vint à tomber malade; Mathieu fut forcé de vendre l'un des siens pour payer une dette. Avec le bœuf unique qui leur restait à chacun, ni l'un ni l'autre ne pouvait labourer. Jacques se fit ce raisonnement : « Pour labourer, il me faut un second bœuf; au lieu d'en acheter un, prenons celui de Mathieu, ce sera tout profit. » Mais en même temps Mathieu s'était dit : « Je n'ai plus qu'un bœuf; il m'en faut un second; prenons celui de Jacques : je n'aurai rien à débourser. » Et la nuit venue, les voilà partis tous les deux pour prendre chacun le bœuf de l'autre. Qu'arriva-t-il ? Vous le devinez sans peine; en revenant, chacun ramenait le bœuf de son voisin, mais ni l'un ni l'autre ne retrouva le sien.

En second lieu, l'égoïste traite-t-il la personne humaine comme elle doit l'être ? Voyons d'abord ce qu'il fait de lui-même. Chacun a du bonheur une idée différente : pour le débauché, le bonheur, c'est le plaisir ; pour l'ivrogne, c'est la bouteille ; pour le paresseux, l'inaction ; pour l'avare, la richesse ; pour l'ambitieux, le pouvoir. L'égoïste s'attache tout entier à l'un ou à l'autre de ces biens. Il est par suite conduit à sacrifier les autres, et ce qu'il sacrifie, c'est toujours la portion la meilleure, les biens nobles et désintéressés. Il s'asservit à la volupté, ou à la débauche, ou à la paresse, ou à la richesse, ou à l'ambition ; au lieu de commander à ses désirs et à ses passions, il en est l'esclave. Est-ce là se respecter?

Ne se respectant pas lui-même, comment voulez-vous qu'il respecte les autres ? Ne cherchera-t-il pas à s'en servir pour satisfaire ses passions ? Que lui importeront leur dignité, leur honneur, leurs biens, leur vie même, s'il a quelque intérêt à y porter atteinte? Nul scrupule [3] ne saurait le retenir. Tout lui sera bon, pourvu qu'il soit heureux.

Vous le voyez, mes enfants, les égoïstes fussent-ils encore plus nombreux qu'ils ne sont, leur conduite sera toujours contraire au devoir.

RÉSUMÉ.

LA RECHERCHE DE NOTRE INTÉRÊT N'EST PAS LA RÈGLE D'APRÈS LAQUELLE NOUS DEVONS NOUS CONDUIRE. L'INTÉRÊT NE PEUT PAS ÊTRE CONFONDU AVEC LE DEVOIR. LE DEVOIR COMMANDE ; L'INTÉRÊT CONSEILLE. LE DEVOIR EST LE MÊME POUR TOUS LES HOMMES ; TOUS LES HOMMES NE POURRAIENT RECHERCHER LEUR INTÉRÊT PROPRE SANS ÊTRE AMENÉS A SE NUIRE LES UNS AUX AUTRES. L'INTÉRÊT NOUS POUSSE SOUVENT A NOUS SERVIR DES AUTRES HOMMES EN VUE DE NOTRE INTÉRÊT ; LE DEVOIR NOUS COMMANDE DE TRAITER TOUJOURS LES AUTRES HOMMES AVEC RESPECT ET DE NE JAMAIS NOUS EN SERVIR EN VUE DE NOS INTÉRÊTS PARTICULIERS.

EXERCICES.

1. Est-il possible de confondre notre intérêt et notre devoir ? — L'intérêt et le devoir nous tiennent-ils, le même langage ?

2. L'égoïste peut-il faire des raisons dont il s'inspire autant d'articles de loi valables pour tous les hommes sans exception ?

3. L'égoïste peut-il traiter les personnes humaines comme la loi morale nous ordonne de les traiter ?

4. Montrez par des exemples comment l'égoïsme est contraire aux règles fondamentales de la loi morale.

1. *Réfractaire*, celui qui se soustrait au service militaire.

2. *Pierre de touche*, espèce de pierre qui permet de reconnaître l'or et l'argent ; est pris ici au figuré.

3. *Scrupule*, ce qui embarrasse la conscience.

CHAPITRE X.

LA VERTU.

Une hirondelle ne fait pas le printemps, dit la chanson. — De même une bonne action ne fait pas la vertu ; la vertu, c'est l'**habitude du bien**.

Vous avez vu des abeilles. Quand les champs sont fleuris, elles vont, en bourdonnant, récolter les sucs des fleurs ; puis elles construisent avec une régularité parfaite les loges de cire où elles déposent leur miel. Personne ne leur a appris dans quelles fleurs elles trouveront leur miel ; personne ne leur a enseigné l'art [1] de construire ces admirables cellules qu'on dirait faites par d'habiles géomètres [2] ; tout cela elles le savent en naissant, et elles le font sans s'en rendre compte, avec une sûreté merveilleuse ; un instinct [3] infaillible [4] les guide.

Nous n'avons pas de ces instincts ; mais grâce à l'habitude nous pouvons parvenir à agir sans plus d'efforts, avec autant de facilité et de sûreté. Une habitude, c'est une sorte d'instinct acquis que nous nous donnons à nous-mêmes, en répétant souvent les mêmes actes. Vous ne saviez ni marcher ni courir en naissant ; vos premiers pas ont été maladroits et incertains ; maintenant vous marchez et courez à merveille ; qu'a-t-il fallu pour cela ? marcher beaucoup, courir beaucoup.

De même en faisant beaucoup de bonnes actions, on contracte l'habitude d'en faire. On les fait alors sans y penser et sans efforts, comme si c'était pour nous une chose toute naturelle. Au début, il faut réfléchir pour savoir ce qui est bon et ce qui est mauvais ; le bien n'est pas toujours facile à reconnaître, et il n'est pas toujours facile à faire ; souvent pour l'accomplir, il faut lutter contre les mauvais penchants qui nous en détournent, nous ne sommes pas poussés aussi sûrement et aussi aveuglément vers lui que le brochet de la rivière l'est vers les petits poissons qu'il mange, et c'est heureux, vraiment, car s'il en était ainsi, quel mérite [5] aurions-nous à être bons ? Un poirier n'a pas de mérite à donner des poires. L'homme a du mérite à être vertueux, parce que s'il porte en lui les germes de la vertu, ils ne se développent pas tout seuls ; c'est nous qui les développons, et en faisons sortir les fruits. Notre vertu est notre œuvre.

L'homme vertueux, c'est donc l'homme devenu bon par le fait de sa volonté ; c'est l'homme qui a su résister aux tentations du vice et à force d'efforts et de luttes, en est venu à faire de bonnes actions sans efforts, comme les abeilles font leur miel.

RÉSUMÉ.

LA VERTU EST L'HABITUDE DU BIEN ; ELLE EXIGE AU DÉBUT UN EFFORT SOUTENU DE LA VOLONTÉ POUR TRIOMPHER DES MAUVAIS PENCHANTS QUI NOUS POUSSENT AU MAL ; MAIS ELLE FINIT PAR NOUS PORTER AU BIEN SANS EFFORT ET SANS LUTTE.

PAR CONSÉQUENT : « REPRENEZ ET RÉPÉTEZ VOS BONNES PENSÉES ET VOS BONNES ACTIONS CHAQUE JOUR, EN CHAQUE OCCASION, JUSQU'A CE QU'ELLES DEVIENNENT EN VOUS DES HABITUDES, ET QU'IL NE VOUS SOIT PLUS POSSIBLE DE PENSER OU D'AGIR AUTREMENT. » (RENOUVIER.)

EXERCICES.

1. Faire une bonne action par-ci, par-là, est-ce être vertueux ?
2. L'homme naît-il vertueux, ou le devient-il ?
3. Comment le devient-il ?
4. La vertu est-elle un instinct ou une habitude ?
5. Comment se forment les habitudes ? Comment se forme la vertu ?
6. La vertu suppose-t-elle un effort ? Cet effort diminue-t-il ou augmente-t-il à mesure que la vertu grandit dans un homme ?
7. Citez, d'après vos souvenirs, des exemples de vertus et d'hommes vertueux.

1. *Art*, ensemble de préceptes pour faire une chose.
2. *Géomètre*, celui qui sait mesurer l'espace.
3. *Instinct*, tendance naturelle à faire telle ou telle chose.

4. *Infaillible*, qui ne se trompe pas.
5. *Mérite*, ce qui rend une personne digne de récompense.

CHAPITRE XI.

LA RESPONSABILITÉ.

Un jour, Marcel ne savait pas sa leçon :
— Vous serez en retenue, lui dit le maître.
— Mais, Monsieur...
— Avez-vous une excuse à me donner ?... Répondez-moi : Tout écolier ne doit-il pas apprendre sa leçon ?

— Oui, Monsieur.

— Saviez-vous quelle était votre leçon?

— Oui, Monsieur.

— Avez-vous été empêché de l'apprendre?

— Non, Monsieur.

— Alors, mon enfant, vous deviez la savoir, et vous êtes **responsable** de ne pas l'avoir sue.

Le maître avait raison. Celui qui est obligé à quelque chose, qui sait à quoi il est obligé, et qui n'est pas dans l'impossibilité absolue de remplir ses obligations, est **responsable** de ses actes. On est en droit de lui demander compte de ce qu'il a fait ou de ce qu'il n'a pas fait.

Les trois choses que je viens d'énumérer, **avoir des devoirs, les connaître** et **pouvoir les remplir** ne se trouvent réunies que dans l'homme. Aussi, de tous les êtres de la création, l'**homme seul est responsable.** Les êtres inanimés et les animaux causent souvent des malheurs; on prend des précautions pour s'en préserver à l'avenir; mais on ne s'avise pas de leur en demander compte. — Quand un fleuve déborde, les malheureux dont il a ravagé les champs et détruit les maisons, ne l'accusent pas de leurs maux; ils savent bien, les pauvres gens, que ce fleuve n'est pas un être comme vous et moi, un être qui sait et qui veut ce qu'il fait. De même lorsqu'un taureau se jette tête baissée sur un homme et le tue, on ne s'avise pas davantage de lui demander compte de cette mort; cette bête n'est pas raisonnable; elle n'est pas libre; l'élan [1] qui l'a emportée était aveugle [2] et irrésistible.

Mais si un voleur s'introduit dans ma maison et me vole, si un bandit m'attend sur un grand chemin et m'attaque, ah! cela, c'est autre chose. Je n'ai plus affaire à un être inconscient [3], mais à un être comme vous et moi, à un être qui savait bien qu'il est défendu de voler et d'attaquer les gens, à un être qui savait bien ce qu'il faisait en me volant ou en m'attaquant, et qui l'a fait, parce qu'il l'a voulu. Aussi, je préviens le Maire, le Procureur [4] ou les gendarmes; on arrête mon individu si l'on réussit à le prendre; on le met en prison; on le juge, on le condamne.

Retenez bien ceci, mes enfants : tous, tant que nous sommes, nous sommes responsables de nos actions; car nous sommes tous tenus de faire notre devoir; nous savons en quoi il consiste, et nous pouvons le faire si nous le voulons. Être raisonnable, être libre, ce sont là de beaux privilèges [5], qui nous mettent bien haut au-dessus des autres êtres, mais, ne l'oublions pas, nous payons ces privilèges et cette grandeur par la responsabilité qu'ils nous imposent.

RÉSUMÉ.

L'HOMME EST RESPONSABLE DE SES ACTIONS; ON EST EN DROIT DE LUI EN DEMANDER COMPTE, 4° PARCE QU'IL EST OBLIGÉ D'AGIR CONFORMÉMENT A LA LOI MORALE, 2° PARCE QU'IL CONNAÎT CETTE OBLIGATION, 3° PARCE QU'ÉTANT LIBRE IL PEUT LA REMPLIR.

EXERCICES.

1. Demande-t-on compte aux êtres inanimés et aux animaux des malheurs qu'ils peuvent occasionner ?[1] — Pourquoi ne le fait-on pas ?
2. Qu'est-ce qu'être responsable ? — L'homme est-il responsable ?
3. Pourquoi l'homme est-il responsable ?
4. Montrer comment la responsabilité est une conséquence de l'obligation où nous sommes d'agir conformément aux commandements de la loi morale.

1. *Élan*, mouvement violent en avant.
2. *Aveugle*, non éclairé, au figuré.
3. *Inconscient*, qui ne se connaît pas, qui ignore ce qui se passe en lui.

4. *Procureur*, magistrat chargé de poursuivre les coupables.
5. *Privilége*, avantage que tous ne possèdent pas.

CHAPITRE XII.

LA RESPONSABILITÉ. (*suite*).

Vous venez de le voir : la responsabilité se trouve toujours là où sont la raison et la liberté. Il en résulte que si le nat-

son et la liberté viennent à manquer, il n'y a plus de responsabilité.

C'est chose malheureusement trop fréquente. Il est de pauvres êtres qui naissent sans intelligence ; ce sont les idiots ; il en est d'autres qui perdent la raison ; ce sont les fous ; idiots et fous ne savent pas ce qu'ils font. Dès lors, il serait injuste de leur demander compte de leurs actions. Dans certains pays, on appelle **innocents** [1], les malheureux qui n'ont pas la raison : c'est un nom bien justifié et bien expressif, car s'ils commettent des actions nuisibles, contre lesquelles nous pouvons nous protéger, ils en sont innocents ; ils n'ont pas su ce qu'ils faisaient ! ils n'ont pas voulu nuire.

Mais un ivrogne aussi ne sait pas ce qu'il fait. Parce qu'il a laissé sa raison au fond du verre, lui sera-t-il permis d'insulter les passants ou de les battre ? Ni la morale, ni les tribunaux [2] ne sont de cet avis. L'ivrogne agit comme une brute ou comme un fou ; il a perdu son bon sens et sa liberté, d'accord : mais quand il s'est mis à boire, il était de sang-froid [3], et en pleine possession de lui-même ; il n'ignorait pas à quoi l'ivresse peut conduire ; il savait bien qu'en buvant trop il se mettrait dans le cas de commettre, sans le savoir, des actions condamnables [4]. N'est-il pas, dès lors, responsable de son ivresse, et par suite, du mal qu'il peut faire pendant l'ivresse ?

Vous comprenez aussi, que mieux on connaît ses devoirs, plus on a de responsabilité. — Vous avez, mes amis, des parents et des maitres qui prennent grand soin de vous : ils s'appliquent à ne vous laisser voir que de bons exemples, à ne vous inspirer que de bons sentiments, à ne vous laisser entendre que de saines paroles. Mais tous les enfants ne sont pas aussi bien partagés que vous ; il en est, par malheur, qui, dès le jeune âge, ont été abandonnés à eux-mêmes, sans conseils et sans guide, ignorants de leurs devoirs, livrés à leurs mauvais penchants, exposés aux plus mauvais exemples. D'eux et de vous, lesquels ont la plus de responsabilité ? Vous assurément, car si vous faites du mal, ce ne sera pas par ignorance du bien qu'il fallait faire.

RÉSUMÉ.

SEUL UN ÊTRE RAISONNABLE ET LIBRE EST RESPONSABLE
DE SES ACTIONS ; ON NE PEUT DEMANDER COMPTE DE SES
ACTES A UN ÊTRE QUI NE SAURAIT PAS CE QU'IL FAIT, OU QUI
NE POURRAIT PAS AGIR AUTREMENT QU'IL N'AGIT. PAR SUITE
L'HOMME QUI A PERDU LA RAISON ET LA LIBERTÉ N'EST
PLUS RESPONSABLE DE SES ACTIONS, A MOINS QU'IL NE SOIT
LUI-MÊME L'AUTEUR DE LA PERTE DE SA RAISON ET DE SA
LIBERTÉ. — MIEUX VOUS CONNAÎTREZ VOS DEVOIRS, PLUS
VOUS SEREZ RESPONSABLES.

EXERCICES.

1. Dans quels cas la responsabilité disparaît-elle ? — Pourquoi
disparaît-elle alors ?

2. L'ivresse supprime-t-elle la responsabilité ?

3. Montrer que mieux nous connaissons nos devoirs, plus nous
sommes responsables.

1. *Innocent*, qui ne nuit point, qui ne fait point de mal.

2. *Tribunal*, siège du juge ; pris ici au figuré pour les juges qui siègent sur le tribunal.

3. *Sang-froid*, présence d'esprit.

4. *Condamnable*, qui mérite d'être blâmé et puni.

CHAPITRE XIII.

LA RESPONSABILITÉ (*suite*).

Mais à qui devons-nous compte de nos actions? — C'est
d'abord à notre conscience. La conscience n'est pas seulement un maître intérieur qui nous ordonne de faire le bien
et nous défend de faire le mal ; elle est aussi un juge, et un
juge à l'œil duquel rien n'échappe, car il est en nous-mêmes.
Ce juge nous demande compte de ce que nous avons fait ; il
nous approuve quand nous avons bien fait, et nous condamne
sévèrement quand nous avons mal agi.

Écoutez l'histoire du lieutenant Louaut :

« Je me promenais vers le pont d'Iéna [1] ; il faisait un grand vent ; la Seine était houleuse [2]... Je suivais de l'œil un petit batelet, rempli de sable jusqu'au bord, qui voulait passer sous la dernière arche du pont... Tout à coup le batelet chavire [3] ; je vis le batelier essayer de nager, mais il s'y prenait mal. Ce maladroit va se noyer, me dis-je ? J'eus quelque idée de me jeter à l'eau : mais j'ai quarante-sept ans et des rhumatismes [4] ; il faisait un froid piquant... Ce serait trop fou, à moi, me disais-je ; quand je serai cloué dans mon lit avec un rhumatisme aigu, qui viendra me voir ? Qui songera à moi ? Je serai seul à mourir d'ennui, comme l'an passé.

» Je m'éloignai rapidement, et je me mis à penser à autre chose. Tout à coup, je me dis : « Lieutenant Louaut, tu es un... ! Et les soixante-sept jours que le rhumatisme m'a retenu au lit, l'an passé ? dit le parti [5] de la prudence. Que le diable l'emporte ! Il faut savoir nager quand on est marinier [6]. » Je marchais fort vite vers l'École militaire. Tout à coup une voix me dit : « Lieutenant Louaut, vous êtes un lâche ! » Ce mot me fit tressaillir [7]. Je me mis à courir vers la Seine. Je sauvai l'homme sans difficulté... Qu'est-ce qui m'a fait faire ma belle action ?... Ma foi, c'est la peur du mépris ; c'est cette voix qui me dit : « Lieutenant Louaut, vous êtes un lâche! » Ce qui me frappa, c'est que la voix, cette fois, ne me tutoyait pas... Je me serais méprisé moi-même si je ne me fusse pas jeté à l'eau. » (STENDHAL.)

RÉSUMÉ.

NOUS PORTONS EN NOUS-MÊMES UN JUGE DE NOS ACTIONS. LA CONSCIENCE NE NOUS ORDONNE PAS SEULEMENT DE FAIRE LE BIEN ET D'ÉVITER LE MAL ; ELLE NOUS DEMANDE COMPTE DE CE QUE NOUS AVONS FAIT ; ELLE NOUS APPROUVE QUAND NOUS AVONS BIEN FAIT, ET NOUS CONDAMNE QUAND NOUS AVONS MAL FAIT.

EXERCICES.

1. Notre conscience ne nous demande-t-elle pas compte de nos actions ?

2. Quand vous avez fait une bonne action, n'éprouvez-vous pas une satisfaction intérieure ? — Quand vous avez fait une mauvaise action n'éprouvez-vous pas une douleur intérieure appelée remords ?

3. Racontez l'histoire du lieutenant Louaut : qui lui parlait en lui-même et le traitait de lâche ?

1. *Pont d'Iéna*, pont sur la Seine à Paris.

2. *Houleuse*, agitée.

3. *Chavirer*, être retourné sens dessus-dessous.

4. *Rhumatisme*, douleur dans les membres et dans les articulations.

5. *Parti*, ici la voix.

6. *Marinier*, qui fait manœuvrer les bateaux.

7. *Tressaillir*, éprouver une agitation subite.

CHAPITRE XIV.

LA RESPONSABILITÉ (*suite et fin*).

Nous ne sommes pas jugés seulement par notre conscience. Nous le sommes encore par les autres hommes. Les enfants doivent compte de leurs actions à leurs parents ; les écoliers en doivent compte à leurs maîtres ; les hommes faits en doivent compte à la société.

Vos parents ont autorité sur vous. Vous devez faire ce qu'ils vous commandent, et ne pas faire ce qu'ils vous défendent ; par suite ils ont le droit de vous demander quel compte vous avez tenu de leurs ordres ou de leurs défenses, et de vous récompenser ou de vous punir en conséquence. J'ai connu une famille où, chaque soir, les enfants comparaissaient devant leur père et leur mère, comme devant un tribunal paternel et bienveillant ; chacun à son tour venait dire ce qu'il avait fait dans sa journée et recevait éloge ou blâme.

Vos maîtres, aussi, ont autorité sur vous. Vous devez faire ce qu'ils vous commandent, et ne pas faire ce qu'ils vous défendent. Vous êtes responsables de vos actions devant eux ; si vous avez été dociles et laborieux, ils vous récompensent ; si vous avez été désobéissants et paresseux, ils vous punissent.

Quand vous serez devenus des hommes, la société tout entière aura autorité sur vous, et, dans certains cas, elle sera en droit de vous demander compte de vos actions. Tout homme est obligé de respecter la vie, la liberté, la propriété et la réputation de ses semblables. Ceux qui violent ces obligations sont des êtres dangereux pour les autres. La société leur demande compte de leurs fautes et de leurs crimes, et elle les condamne, tantôt à l'amende [1], tantôt à la prison, tantôt aux travaux forcés [2], tantôt même à la mort.

Elle honore, au contraire, les gens de bien, et les entoure d'estime et de considération.

Mais il y a des hommes qui bravent les jugements de la société comme ceux de leur conscience ; il y a de mauvaises actions qui demeurent inconnues, et dont la société ne peut, par suite, demander compte à leurs auteurs. Enfin, il est des cas où la société se trompe, et punit des innocents et honore des coupables.

Que cette pensée ne vous trouble pas, mes enfants. Outre notre conscience et nos semblables, nous avons encore un autre juge, Dieu, à qui rien n'échappe, et qui ne se trompe pas.

Je ne vous demande pas quelles sont vos croyances en fait de religion. C'est une affaire qui ne me regarde pas ; elle regarde uniquement vos parents. Mais, quelles qu'elles soient, je dois vous dire que la loi morale, dont les commandements vous sont révélés [3] par votre conscience, a un auteur invisible, comme les lois humaines ont des auteurs visibles, législateur souverain, dont la volonté se confond avec la loi morale elle-même, en ce qu'elle a de plus pur et de plus élevé.

Ce législateur suprême est aussi le juge suprême.

RÉSUMÉ.

LES PARENTS SONT EN DROIT DE DEMANDER COMPTE DE LEURS ACTIONS A LEURS ENFANTS, LES MAÎTRES A LEURS ÉLÈVES. LES CITOYENS SONT RESPONSABLES DEVANT LA

SOCIÉTÉ TOUT ENTIÈRE DES ACTIONS PAR LESQUELLES ILS
ONT PORTÉ ATTEINTE AUX DROITS DES AUTRES CITOYENS.
DIEU EST NOTRE JUGE SUPRÊME.

EXERCICES.

1. Avons-nous d'autres juges de nos actions que notre conscience ?
— Quels sont ces juges ?

2. Les jugements portés par la société sur les actions des hommes
sont-ils toujours justes ?

3. Dans quel sens entendez-vous que Dieu est le législateur suprême
de notre volonté et le juge suprême de nos actions ?

1. *Amende*, peine pécuniaire.
2. *Travaux forcés*, peine afflictive et infamante.

3. *Révéler*, faire connaître ce qui était inconnu.

LIVRE II

LA FAMILLE

CHAPITRE Iᵉʳ.

LA FAMILLE. — LES DEVOIRS DES ENFANTS ENVERS LEURS PARENTS.

Le grand-père. — Allons, mon petit Paul et ma petite Jeanne, venez ici. C'est aujourd'hui jour de repos : je serais curieux de voir comment vous savez votre morale. — Quels sont les devoirs des enfants envers leurs parents ?

Paul. — Les enfants doivent obéir à leurs parents.

Le grand-père. — C'est cela. Pourquoi les enfants doivent-ils obéir à leurs parents ?

Jeanne. — Parce que leurs parents le leur commandent.

Le grand-père. — Sans doute... Mais pourquoi leurs parents le leur commandent-ils ?

Paul. — Je le sais, grand-père ; c'est parce que les parents ont plus d'expérience ¹ que leurs enfants.

Le grand-père. — Sais-tu bien ce que cela veut dire ?

Paul. — Oui, cela veut dire que nos parents savent mieux que nous ce qui nous est utile.

Le grand-père. — A merveille ! et Mademoiselle que voici l'a appris, l'année dernière, à ses dépens ². Sa maman lui avait défendu d'aller jouer au bord du ruisseau qui coule dans le jardin, parce qu'elle pouvait tomber dans l'eau. Ma-

demoiselle y est allée quand même ; ce que sa maman crai-
gnait est arrivé : elle est tombée dans l'eau ; elle ne s'est pas
noyée, parce que grand-père n'était pas loin, et qu'il est arrivé à temps pour la retirer ; mais elle a attrapé un bon
rhume.

JEANNE. — Oh ! grand-père, je ne désobéirai plus jamais.

LE GRAND-PÈRE. — Je prends note de cette promesse ; et
toi, Paul, qui es plus grand que ta sœur, retiens bien ceci :
le commandement d'un père et d'une mère a toujours droit
de se faire entendre, parce qu'un père et une mère sont la
raison de l'enfant qui n'en a pas encore.

PAUL. — Mais, grand-père, papa, qui est un homme, doit-
il encore t'obéir comme quand il était petit ?

LE GRAND-PÈRE. — Non, mon enfant. Il a maintenant
assez de raison pour se conduire lui-même. Cependant il me
demande encore souvent conseil, d'abord par respect pour
son vieux père, et aussi parce qu'à l'occasion mon conseil
peut n'être pas mauvais. — Continuons. Obéir à ses parents,
est-ce tout ?

JEANNE. — Non, il faut encore les aimer.

LE GRAND-PÈRE. — Qu'est-ce que cela, aimer ses parents?

JEANNE. — C'est les embrasser de tout son cœur le matin,
dans la journée et le soir.

LE GRAND-PÈRE. — Ah ! ah !... te voilà bien, petite câ-
line³ !... Tu cajoles⁴ souvent grand-papa pour en obtenir
ce que tu veux. Est-ce vraiment m'aimer, cela?

PAUL. — Oh non !

LE GRAND-PÈRE. — Tu as raison, Paul ; l'affection d'un
enfant pour ses parents ne doit pas être intéressée⁵ ; il faut
les aimer pour eux-mêmes...

PAUL. — Il faut aussi leur être reconnaissants.

LE GRAND-PÈRE. — C'est-à-dire ?...

PAUL. — Répondre par une bonne conduite au bien qu'ils
nous ont fait.

LE GRAND-PÈRE. — Bien répondu... L'enfant reçoit beaucoup de ses parents. Qui vous a donné la vie ? Qui vous
nourrit, qui vous soigne, qui vous habille, qui vous envoie à
l'école? Vos parents, n'est-ce pas? En retour de ces bienfaits

il faut leur faire tout le bien que vous pouvez. Tant que vous êtes petits, leur faire du bien, c'est leur donner toute la satisfaction possible par votre docilité, par votre application, par des manières affectueuses ; et plus tard, quand vous serez grands et qu'ils seront vieux, s'ils deviennent malades ou infirmes... Tenez, moi, par exemple, si j'allais devenir aveugle ou paralysé...

JEANNE. — Oh! grand-père, ne parle pas de cela, je t'en prie.

LE GRAND-PÈRE. — Je ne le souhaite pas, mais si cela arrivait...

JEANNE. — Si cela arrive, nous te soignerons de notre mieux, et nous tâcherons de t'aimer assez pour te faire oublier tes maux.

RÉSUMÉ.

LES ENFANTS DOIVENT A LEURS PARENTS OBÉISSANCE, RESPECT, RECONNAISSANCE ET AMOUR.

EXTRAIT DES LOIS FRANÇAISES. — *L'enfant, à tout âge, doit honneur et respect à ses père et mère. — Il reste sous leur autorité jusqu'à sa majorité ou son émancipation. — L'enfant ne peut quitter la maison paternelle sans la permission de son père si ce n'est pour enrôlement volontaire, après l'âge de 18 ans révolus. — Le père qui aura des sujets de mécontentement très graves sur la conduite d'un enfant pourra requérir son arrestation et sa détention. — Les enfants doivent des aliments à leurs père et mère et autres ascendants qui sont dans le besoin.* (Code civil.)

EXERCICES.

1. Pourquoi les enfants doivent-ils obéissance à leurs parents?
2. Pourquoi leur doivent-ils de la reconnaissance ?
3. Qu'entendez-vous par amour filial ? — Citez des exemples d'actions inspirées par ce sentiment.

1 *Expérience*, connaissances acquises par l'usage de la vie.
2. *Dépens*, frais; apprendre à ses dépens, à ses frais.
3. *Câlin*, caressant.

4. *Cajoler*, employer des paroles caressantes pour obtenir quelque chose de quelqu'un.
5. *Intéressé*, dicté par l'intérêt.

CHAPITRE II.

LA FAMILLE : LES FRÈRES ET LES SŒURS.

JEANNE. — Grand-père, grand-père! Paul est un méchant. Il ne veut pas me prêter son sabre. Il dit que les filles n'en ont pas besoin.

PAUL. — C'est vrai cela. Pourquoi veut-elle mon sabre? Est-ce que je lui demande sa poupée?

LE GRAND-PÈRE. — Mais si par hasard tu la lui demandais, serais-tu content si elle ne te la donnait pas?... Tu ne réponds pas. Eh bien, mon enfant, donne ton sabre à ta sœur. Ce n'est pas un jouet de petite fille ; mais, puisqu'elle le désire, donne-le lui pour lui faire plaisir.

PAUL. — Tiens, Jeanne, le voici.

JEANNE. — Merci, Paul.

LE GRAND-PÈRE. — Ainsi, vous n'êtes pas toujours d'accord?

PAUL. — Pas toujours; il y a des fois qu'elle m'ennuie. Quand je suis à regarder des images, elle veut les voir aussi ; quand je lis, elle veut jouer ; elle ne me laisse jamais tranquille, et puis elle boude souvent.

JEANNE. — Oh! c'est que, vois-tu, grand-père, il dit que les filles ça ne vaut pas les garçons, et quand il vient des garçons à la maison, il va jouer avec eux et me laisse toute seule.

LE GRAND-PÈRE. — Ce n'est pas bien, Paul ; entre frères et sœurs, il faut toujours **se supporter**. Jeanne a ses défauts, tu as les tiens ; vous êtes quittes [1]. — Mais dis-moi donc pourquoi tu trouves que les garçons valent mieux que les filles !

PAUL. — C'est que je serai soldat.

LE GRAND-PÈRE. — Je n'ai rien à répondre. Pourtant, mon petit Paul, quand tu seras à la guerre, si tu reviens blessé, tu seras bien aise de trouver Jeanne pour soigner tes blessures. Elle sera utile à quelque chose.

PAUL. — Oui, mais cela ne fait rien, je vaux plus qu'elle.

LE GRAND-PÈRE. — Tu vaux plus qu'elle : à ce compte je devrais, au jour de l'an, lui donner de moins belles étrennes qu'à toi.

PAUL. — Oh ! non, grand-père.

LE GRAND-PÈRE. — Et pourquoi non ?

PAUL. — Cela ne serait pas juste.

LE GRAND-PÈRE. — Nous y voilà. Eh bien! dans la famille, frères et sœurs sont égaux entre eux ; leurs parents doivent les aimer également, leur donner également, les traiter de la même façon. Aucun d'eux ne vaut plus que les autres. Que dirais-tu si ton frère aîné, parce qu'il est plus âgé que toi, était plus aimé, plus favorisé [2] que toi? Tu dirais, comme tout à l'heure, que cela n'est pas juste, et tu aurais raison. Pourtant, il n'en a pas toujours été ainsi.

PAUL. — Raconte-nous cela, grand-père.

LE GRAND-PÈRE. — C'est très simple. Autrefois en France, avant la Révolution, lorsqu'il y avait plusieurs enfants dans une famille, ils n'héritaient pas tous des biens de leurs parents. Les filles étaient d'abord exclues de l'héritage, et parmi les fils, l'aîné seul était l'héritier des biens de la famille. Les autres se faisaient abbés [3] ou soldats.

PAUL. — Et pourquoi cela?

LE GRAND-PÈRE. — On voulait empêcher la division des grandes fortunes.

PAUL. — Ce n'était pas juste.

LE GRAND-PÈRE. — Tu l'as dit, mon enfant.

RÉSUMÉ.

LES FRÈRES ET LES SŒURS FORMENT UNE SOCIÉTÉ D'É-GAUX; ILS DOIVENT S'AIMER, S'OBLIGER ET SE SUPPORTER MUTUELLEMENT.

EXTRAIT DES LOIS FRANÇAISES. — *Les successions passent aux enfants ou descendants du défunt.* — *Les enfants ou leurs descendants succèdent à leur père et mère, aïeuls, aïeules et autres ascendants, sans distinction de sexe ni de primogéniture, et encore qu'ils soient issus de différents mariages.* — *Ils succèdent par égales par-*

ties et par tête... — Les libéralités, soit par actes entre vifs, soit par testament, ne pourront excéder la moitié des biens du disposant, s'il ne laisse à son décès qu'un enfant légitime; le tiers, s'il laisse deux enfants; le quart s'il en laisse trois ou un plus grand nombre. (Code civil.)

EXERCICES.

1. Quels sont les devoirs des frères et des sœurs les uns envers les autres ?

2. Montrez pourquoi, dans une famille, frères et sœurs sont égaux ?

3. Quelles sont les conséquences de cette égalité ?

1. *Quitte,* qui ne doit plus rien.   possédait une abbaye, ou un monas-
2. *Favorisé,* qui reçoit des avan-   tère ; on donne aujourd'hui ce nom
tages.   aux ecclésiastiques.
3. *Abbés,* celui qui gouvernait et

CHAPITRE III.

LA FAMILLE : LE MARIAGE.

JEANNE. — Dis donc, grand-père, — qu'est-ce que maman voulait dire tantôt, quand elle disait que l'année prochaine grand'mère et toi vous fêteriez vos noces d'or?

LE GRAND-PÈRE. — Elle voulait dire, mignonne, que l'année prochaine il y aura cinquante ans que ta grand'mère et moi nous sommes mariés.

JEANNE. — Ah ! oui, mariés, comme mon cousin Georges et moi, quand nous jouons au petit mari et à la petite femme !

LE GRAND-PÈRE. — Pas tout à fait. Quand Georges et toi avez joué au mariage, Georges s'en retourne chez ses parents, et toi tu restes ici. Quand un homme prend une femme, la femme quitte son père et sa mère pour aller demeurer avec son mari.

JEANNE. — Elle quitte son père et sa mère ! Oh ! alors, je ne me marierai jamais.

LE GRAND-PÈRE. — Jamais ! Laisse faire le temps, et si

tu rencontres un brave garçon qui te demande en mariage, tu l'épouseras.

JEANNE. — Tu crois, grand-père ?

LE GRAND-PÈRE. — J'en suis sûr.

JEANNE. — Et quand je l'aurai épousé.

LE GRAND-PÈRE. — Eh bien ! tu l'aimeras, tu l'aimeras toujours, tu n'aimeras que lui ; sa vie sera la tienne ; à vous deux vous ne ferez qu'un, et, comme le dit M. le maire à tous ceux qu'il marie, vous vous devrez mutuellement [1] *fidé-lité* [2], *secours, assistance.* A votre tour vous ferez une famille.

JEANNE. — Alors nous aurons des enfants ? car, une famille, c'est le père, la mère et les enfants.

LE GRAND-PÈRE. — Tu oublies le grand-père et la grand' mère, quand ils sont encore de ce monde.

JEANNE. — Oh ! non. Nous serons bien contents le jour de vos noces d'or.

LE GRAND-PÈRE. — Ce jour-là, nous aurons autour de nous tous nos enfants et nos petits-enfants. Nous nous rappellerons le temps passé. Il n'a pas toujours été doux et facile. Il y a eu de mauvais jours ; nous les avons traversés avec courage, nous appuyant l'un sur l'autre, ayant confiance l'un dans l'autre. Mais il y a eu aussi les joies. Nous les avons partagées, comme nous avions partagé les peines, car, voyez-vous, mes enfants, le mariage est une association [3] de deux êtres qui s'aiment, pour supporter en commun les charges de la vie et en partager les joies. Quand on s'est donné l'un à l'autre, dans le mariage, il faut se tenir mutuellement parole.

PAUL. — Alors, une fois qu'on est marié, on ne se sépare plus.

LE GRAND-PÈRE. — Si, quelquefois, mais ceux qui se séparent sont de mauvais époux. Il faut aussi qu'ils n'aiment pas leurs enfants, car élever des enfants, ce n'est pas l'affaire d'un jour. Quand le petit oiseau a des plumes il s'envole loin du nid. Mais vous, quand vous savez marcher, vous ne quittez pas la maison paternelle. Vous y restez longtemps. On veut faire de vous mieux que ce qu'on a été soi-même ; on veut vous donner ce qu'on n'a pas eu ; on veut vous assurer un sort heureux, et il n'est pas trop de la vie pour y parvenir.

PAUL. — Mais voilà longtemps déjà que mon oncle Gustave et ma tante Pauline ne sont plus avec toi.

LE GRAND-PÈRE. — Tu as raison ; mais, crois-tu que ta grand'mère et moi, bien qu'éloignés d'eux, nous ne pensions pas à eux ? Nous les savons heureux, comme le sont aussi votre père et votre mère, et la pensée du bonheur qu'ils nous doivent nous unit, comme le faisait autrefois le soin de préparer ce bonheur. Et puis, ils viennent nous voir de temps en temps. Ils seront là le jour des noces d'or, et ce sera fête à la maison.

RÉSUMÉ.

LE MARIAGE EST L'UNION VOLONTAIRE DE DEUX INDIVIDUS DE SEXE DIFFÉRENT QUI SE PROMETTENT L'UN A L'AUTRE AMOUR, FIDÉLITÉ, ASSISTANCE, ET QUI S'ENGAGENT A ÉLEVER LES ENFANTS QUI POURRONT NAÎTRE DE LEUR UNION.

EXTRAIT DES LOIS FRANÇAISES. — *Les époux se doivent mutuellement fidélité, secours, assistance.* — *Le mari doit protection à sa femme ; la femme obéissance à son mari.* — *La femme est obligée d'habiter avec le mari et de le suivre partout où il juge à propos de résider ; le mari est obligé de la recevoir et de lui fournir tout ce qui est nécessaire pour les besoins de la vie, selon ses moyens et son état.* — *Les époux contractent ensemble, par le fait seul du mariage, l'obligation de nourrir, entretenir et élever leurs enfants.* (Code civil.)

EXERCICES.

1. De qui se compose la famille ?
2. Par quels liens sont unis les divers membres de la famille ?
3. Qu'est-ce que le mariage ?
4. Quels sont les devoirs des époux entre eux ?
5. Quels sont les devoirs des époux envers leurs enfants ?

1. *Mutuellement,* l'un à l'autre.
2. *Fidélité,* qualité de celui qui est attaché à ses engagements.

3. *Association,* réunion de plusieurs personnes en vue d'un but commun.

LIVRE III

NOS DEVOIRS ENVERS NOUS-MÊMES

CHAPITRE Ier.

LE SUICIDE.

Un jour, en me promenant avec mon père, nous trou-
vâmes pendu à un arbre, dans un chemin creux, le vieux
Cordon, le mendiant boiteux, à qui j'avais souvent donné
des sous. J'avais douze ans. Pris de peur à la vue de cet
homme inanimé, suspendu dans l'air, mon premier mouvement fut de fuir. Mon père me retint ; il coupa la corde
par laquelle le pendu tenait à l'arbre, et, une fois le corps à
terre, il le déshabilla à demi, et se mit à le frotter avec
vigueur, pour le ranimer [1], s'il était encore temps. Mais la
vie était déjà bien loin. Voyant ses efforts inutiles, mon père
me prit par la main, et nous allâmes chez le maire pour l'in-
former de notre funèbre [2] trouvaille. Puis nous revînmes à la
maison, sans nous rien dire.

Le lendemain, j'avais encore devant les yeux l'image du
vieux Cordon, pendu à son arbre. Mon père me prit à part
et me dit avec une gravité [3] qui ne lui était pas habituelle :

— Devines-tu, Louis, pourquoi ce malheureux s'est
pendu ?

Je m'étais déjà fait cette question, le soir, dans mon lit,
en songeant au triste événement de notre promenade.

— Père, répondis-je, c'est qu'il se sentait trop malheureux pour continuer de vivre.

— Sans doute, mon enfant, reprit mon père, tous ceux qui se donnent la mort ont assez de la vie : ils sont poussés au suicide [4] par de grands maux, la misère, les maladies, les déceptions [5], ou la crainte du déshonneur. Mais, crois-tu qu'ils fassent bien en se tuant ?

Cette question m'embarrassa. Je sentais bien que le suicide est une chose affreuse, mais je me disais en moi-même : Pourtant s'ils ne peuvent plus supporter la vie, ils peuvent bien se l'ôter, car, après tout, c'est leur vie ; elle leur appartient ; mais j'hésitais à le dire tout haut.

Mon père, à mon hésitation, devina mes pensées.

— Penserais-tu par hasard, me dit-il, que notre vie étant à nous, chacun de nous peut disposer de la sienne à son gré ?

— Oui, mon père.

— Eh bien ! tu te trompes. Crois-tu d'abord que chaque homme ne doive rien à ses parents, à ses proches, à ses amis, à ses concitoyens [6], à la société tout entière ? Quitter la vie avant l'heure fixée par Dieu, c'est partir sans payer ses dettes.

— Mais si on est sûr de ne pouvoir jamais les payer ?...

— Comme le père Cordon, n'est-ce pas, qui n'avait pas de famille, vivait d'aumônes et ne pouvait rendre de service à personne ?

— Oui.

— Eh bien ! même dans ce cas, c'est un devoir de ne pas attenter [7] à ses jours.

Tu sais pourquoi nous avons des devoirs envers les autres hommes ?

— C'est que les autres hommes sont des personnes, et que la personne humaine est sacrée.

— Mais chacun de nous n'est-il pas une personne ?

— Sans doute.

— N'en résulte-t-il pas que chacun de nous doit respecter sa personne ? Puisque la personne humaine m'impose des devoirs quand elle est en autrui, comment ne m'en imposerait-elle pas quand elle est en moi-même ?

— Je ne comprends pas très bien.

— Tu vas comprendre.

Voici un billet de banque de cent francs, continua mon père, en tirant de sa poche un papier blanc et bleu. Dans mes mains c'est une valeur [8] ?

— Oui.

— Je te le donne ; cesse-t-il d'être une valeur ?

— Mais pas du tout !

— Eh bien ! la personne humaine, qu'elle soit la nôtre ou celle d'autrui, est comme ce billet qui a toujours la même valeur en passant d'une main dans une autre. Partout où elle se trouve, elle est respectable.

— Je comprends maintenant.

— Eh bien ! puisque tu as compris, réponds à ceci : Est-ce respecter sa personne que de se tuer?

— Non, puisque c'est la détruire.

— La première chose à faire pour respecter sa personne, c'est donc de respecter sa vie. L'homme, en recevant la vie, a reçu des devoirs à remplir. En s'ôtant la vie, il se met dans l'impossibilité de les remplir. Se tuer, c'est faire banqueroute [9] au devoir.

RÉSUMÉ.

QUELQUE MALHEUREUX QU'IL SOIT, L'HOMME NE DOIT PAS S'ÔTER LA VIE, CAR EN S'ÔTANT LA VIE, IL SE MET DANS L'IMPOSSIBILITÉ DE REMPLIR LES OBLIGATIONS QUI LUI SONT IMPOSÉES PAR LA LOI MORALE.

EXERCICES.

1. Qu'est-ce que le suicide ? Quelles sont les raisons qui poussent le plus fréquemment l'homme à s'ôter la vie.

2. Ces raisons justifient-elles le suicide ?

3. Pourquoi la loi morale défend-elle à l'homme de s'ôter la vie ?

1. *Ranimer*, rendre le souffle, la vie.
2. *Funèbre* qui se rapporte à la mort.
3. *Gravité*, sérieux.
4. *Suicide*, action de se tuer.
5. *Déception*, espérance qui n'a pas été réalisée.
6. *Concitoyen*, qui est de la même ville, du même pays.
7. *Attenter*, porter atteinte.
8. *Valeur*, ici : qui représente une certaine somme d'argent.
9. *Banqueroute*, cessation de paiement de la part d'un négociant devenu insolvable.

CHAPITRE II.

LES DEVOIRS ENVERS LE CORPS : LA PROPRETÉ, L'HYGIÈNE, LA GYMNASTIQUE.

Les enfants viennent d'entrer à l'école ; il est huit heures sonnées. Le maître passe la revue de propreté.

— Allons ! montrez vos mains et vos figures. Sont-elles propres ? Etes-vous bien peignés... Duval, vous avez les mains sales ; allez les laver... Denis, vous êtes mal peigné. Si votre mère n'a pas le temps de vous peigner le matin, qu'elle vous fasse couper les cheveux ; des cheveux longs et mal peignés, c'est un nid à vermine [1]. Vos vêtements sont-ils en bon état ? Jean Boutant, les vôtres sont sales ; si demain vous n'êtes pas plus propre, je vous renverrai chez vous... Je tiens à la propreté ; c'est que voyez-vous, la propreté c'est la plus naturelle, la plus belle et la moins coûteuse des parures. Un enfant malpropre est un objet de dégoût pour ses camarades ; et croyez-vous qu'il soit bien sain de vivre au milieu des mauvaises odeurs de la malpropreté... Duval, vos mains sont lavées ? c'est bien, rentrez dans les rangs.

Et maintenant, avant de nous mettre au travail, nous allons faire un peu de gymnastique ; avant de nous asseoir, nous allons nous dégourdir [2] les membres. On a l'esprit plus libre, quand le corps est bien dispos.

Alignez-vous !... Prenez vos distances !... Attention !... Mouvement vertical des bras avec flexion, en quatre temps... Commencez..., une, deux, trois, quatre !... Une, deux, trois, quatre !... En mesure... Une, deux, trois, quatre... Bénard, accentuez le mouvement... Encore trop mou... C'est cela... Une, deux, trois, quatre ; une deux, cessez !

Le bon exercice ! Vous faisiez la grimace les premiers jours ; vous aviez peine à mouvoir vos jambes et vos bras, à plier votre corps en cadence [3] ; vos articulations manquaient de souplesse, vos bras de force. Aujourd'hui, ce n'est plus cela ; vous avez de l'huile dans les engrenages[4] ; En six mois vous avez pris de la souplesse, de la force, de l'agilité, de la précision ; vous êtes plus alertes[5] et plus robustes, et si vous aviez maintenant un obstacle à franchir, un danger à éviter, vous auriez plus de confiance en vous-mêmes. Voilà le profit de la gymnastique.

Recommençons... Une, deux, trois, quatre ; une, deux, trois, quatre... Cessez !

Vous avez chaud ; entrons vite en classe pour ne pas vous refroidir.

Quelle belle école nous avons maintenant ! L'ancienne ne lui ressemblait guère. Elle était près du cimetière ; elle était petite et basse, humide, mal éclairée, mal aérée ; les tables étaient trop hautes, les bancs sans dossier... Dupuy, ce n'est pas votre table... La nouvelle est en bon air, sur la hauteur ; elle est vaste et haute : vous pouvez y respirer à l'aise ; la lumière y entre à flots, par de larges fenêtres ; elle vous arrive à gauche et ne vous fatigue pas les yeux ; vos tables et vos bancs sont proportionnés à vos tailles ; vos pieds posent d'aplomb sur le plancher ; votre corps est soutenu et maintenu dans une bonne position. Pourquoi a-t-on fait tout cela ? C'est pour vous préserver des inconvénients et des maux auxquels vous étiez exposés dans la vieille école. Ce sont des précautions **hygiéniques** [6].

Nous sommes en place ? La classe est commencée... C'est une dictée que nous avons à faire. Prenez vos cahiers et écrivez :

RÉSUMÉ.

SI L'ON NE PEUT SE DONNER A SON GRÉ LA FORCE ET LA SANTÉ, SOUVENT ON ALTÈRE L'UNE ET ON COMPROMET L'AUTRE PAR IMPRUDENCE ET PAR DÉFAUT DE SOINS. IL FAUT AVOIR SOIN DE SON CORPS, PARCE QUE QUAND LE CORPS VA BIEN L'AME VA MIEUX. LA PROPRETÉ, L'HYGIÈNE ET LA GYMNASTIQUE SONT D'EXCELLENTS MOYENS DE SE TENIR EN BONNE SANTÉ ET DE DÉVELOPPER SES FORCES.

EXERCICES.

1. Pourquoi devons-nous avoir soin de notre corps ?
2. Quels sont les avantages de la propreté ?
3. Quels sont les effets de la gymnastique ?
4. Qu'est-ce que l'hygiène, et quels en sont les avantages ?

1. *Vermine*, insectes parasites, qui vivent sur le corps d'autres animaux.
2. Se *dégourdir*, agir avec plus de facilité et de souplesse.
3. *Cadence*, régularité.

4. *Engrenages*, ici : articulations des membres.
5. *Alerte*, prompt.
6. *Hygiénique*, qui sert à conserver et à protéger la santé.

CHAPITRE III.

LA TEMPÉRANCE.

Cette année-là le docteur Lefaure était venu, avec sa famille, faire les vendanges sur sa propriété de Saintonge. Pendant toute une semaine, ce fut pour le jeune André, le dernier fils du docteur, une fête de tous les jours. A peine levé, il allait, sa serpe d'une main, son panier de l'autre, rejoindre dans les vignes les vendangeurs et les vendangeuses ; il coupait, de-ci, de-là, quelques grappes de raisin, en mangeait presque autant, riait, chantait, s'ébattait au milieu de ces braves gens, ravis des gentilles manières du petit Monsieur.

Le samedi soir, une fois la dernière cuvée[1] pressée, vendangeurs et vendangeuses se mirent à table avec les maitres, selon une bonne vieille coutume conservée dans quelques familles. Tout le monde était de belle humeur et de bon appétit; les vendanges étaient abondantes cette année-là, et l'on avait bien travaillé.

Le souper fini, les garçons et les filles allèrent danser des rondes dans la cour du logis; les vieux restèrent à causer tout en buvant encore quelques verres de vin.

Vous pensez bien qu'André était avec les jeunes gens qui

chantaient, en marquant vigoureusement le pas, une vieille ronde du pays :

> Mon père avait un jardinet
> Tout entouré de noyers verts.
> Vendange, ma fille,
> Vendange, grapille.

Mais la plus belle fête a une fin. Une fois les rondes terminées : « Allons nous coucher », dit M. Lefaure à André.

Comme ils rentraient, ils trouvèrent près de la porte une fillette de quatorze à quinze ans, tout en pleurs. C'était Marie, la fille du vendangeur Boirude. Elle était maigre, pâle, et n'avait pas cet air de santé et de vie qu'ont d'ordinaire les enfants de la campagne.

— Pourquoi pleures-tu, Marie ? lui dit M. Lefaure, t'est-il arrivé quelque chose ?

— Ah ! Monsieur, ne m'en parlez pas. Mon père a encore trop bu, il ne veut pas partir ; quand je suis allée le chercher, il m'a envoyée promener.

— Allons voir, dit M. Lefaure.

Boirude était toujours à table, affaissé sur sa chaise, devant plusieurs bouteilles vides.

— Allons, lui dit le docteur, il faut partir.

L'ivrogne dérangé tourna vers lui des regards hébétés [2] et balbutia quelques mots.

— Il faut partir, vous dis-je !

Boirude se leva tant bien que mal, et s'appuyant au mur, il finit par gagner la porte. Mais là, au grand air, il tomba à terre comme une masse et ne put se relever. M. Lefaure appela quelques vendangeurs voisins de l'ivrogne ; ils l'emmenèrent ou plutôt ils l'emportèrent. Sa pauvre fillette suivait toute honteuse.

André était resté saisi de cette scène.

— Quel vice affreux que l'ivrognerie ! lui dit son père. Vois où conduit l'intempérance. Est-ce un homme que cet être qui ne pense plus, qui ne parle plus, qui ne se dirige plus et qu'on emporte comme un paquet ?

Si encore il ne faisait tort qu'à lui, continua M. Lefaure en se parlant à lui-même. Mais sa pauvre petite fille porte la peine des excès de son père. Père ivrogne, enfant chétif !

Allons, André, rentrons. Tu viens de voir combien les excès dégradent l'homme. A ton âge on n'est pas d'ordinaire intempérant, mais parfois on est gourmand. Souviens-toi que la gourmandise est un chemin qui mène à l'intempérance.

RÉSUMÉ.

GARDEZ-VOUS DE TOUT EXCÈS : LES EXCÈS ENLÈVENT A L'HOMME L'INTELLIGENCE ET LA LIBERTÉ ; ILS DÉGRADENT LA PERSONNE HUMAINE QUE NOUS DEVONS RESPECTER.

EXTRAIT DES LOIS FRANÇAISES. — *Seront punis d'une amende de 1 à 5 francs, et en cas de nouvelle récidive de la prison, ceux qui seront trouvés en état d'ivresse manifeste dans les rues, chemins, places, cafés, cabarets ou autres lieux publics.*

EXERCICES.

1. Qu'est-ce que la tempérance ? — Qu'est-ce que l'intempérance ? Citez-en des exemples.

2. Quels sont les effets de l'intempérance ?

3. Montrez qu'ils sont contraires au respect que nous devons avoir pour notre personne.

4. Montrez quels sont les bons effets de la tempérance.

1. *Cuvée,* le raisin mis dans la cuve où on le presse pour en extraire le jus.

2. *Hébété,* émoussé, ici des regards qui ne voient pas.

CHAPITRE IV.

LE COURAGE.

« Il y a longtemps de cela, mais je m'en souviens comme d'hier. J'avais une douzaine d'années ; j'étais allé à la forêt, à une lieue de la ville, prendre des nouvelles de mon oncle le garde-forestier qui était malade. Je revenais à la tombée

de la nuit ; la route était déserte. Tout à coup j'entends derrière moi des pas précipités, une sorte de galop que je ne
reconnaissais pas. Ce n'était pas un cavalier, ce n'était pas
non plus la course d'un homme. La peur me prit, et l'imagination [1] aidant, je me figurais quelque bête monstrueuse à
ma poursuite. Je me mis à courir à belles jambes. Plus je
courais, plus le galop semblait se rapprocher ; plus les formes
de la bête, que je ne voyais pourtant pas, car je n'osais pas
me retourner, me paraissaient grandir et devenir effrayantes.

» Dans ma fuite, je me heurtai à une pierre et tombai.
Le galop s'arrêta net, mais si près de moi qu'un frisson [2] me
secoua tout le corps. A la fin, n'entendant plus rien, je pris
mon courage à deux mains, me relevai et regardai derrière
moi.

» L'âne de mon oncle était tranquillement arrêté à deux
pas de moi, droit sur ses quatre pattes. J'eus honte de ma
couardise [3] ; je pris la bête échappée par le licol et la ramenai
à son écurie, me jurant bien qu'on ne me reprendrait plus à
trembler de la sorte.

» Je me suis tenu parole, et pourtant, depuis lors, j'en ai
vu bien d'autres. J'ai été dans la tranchée [4] devant Mala-
koff ; en Italie, à Magenta et à Solferino ; j'ai donné la chasse
aux Arabes dans le désert ; j'ai vu de près les Prussiens
sous les murs de Metz. Plus d'une fois, en entendant siffler
les balles, la carcasse [5] avait bonne envie de trembler. Je la
calmais et la réconfortais d'un mot : Tu trembles, carcasse,
comme si l'âne était encore à tes trousses [6]. »

Ainsi parlait un soir le capitaine Robert. Il ne disait pas
tout. Sa bravoure sur les champs de bataille lui avait valu la
croix d'honneur. Mais ailleurs, il n'avait pas été moins
brave.

A vingt-cinq ans, juste au moment où il venait de recevoir
l'épaulette de sous-lieutenant, sa mère, veuve depuis deux
ans mourait, lui laissant à élever une petite sœur, charmante
fillette de quatorze ans. Robert ne songea pas un instant à
lui faire partager sa vie de garnison : il la mit en pension [7].
Mais la pension d'une fillette, c'est au bas mot 500 francs
par an, et la solde [8] d'un sous-lieutenant est de 1800 francs.

PRINCIPES.   4

Robert réussit pourtant à payer sur sa solde la pension de sa sœur. Lui seul pourrait dire par quel miracle d'économie, au prix de quelles privations vaillamment supportées. En dehors du strict nécessaire, tout pour la petite !

Exact au service comme toujours ; mais le service terminé, plus de sous-lieutenant Robert. Il fuyait comme un danger toute occasion de dépense.

Ah ! le brave homme que le sous-lieutenant Robert !

Que de railleries il eut à subir sur son genre de vie retirée ! Que de meurtrissures au cœur il eut à supporter ! Plus d'une fois, quand la plaisanterie dépassait la mesure, il avait senti la colère lui monter à la tête et sa main se lever. Mais vite il se retenait en se disant : « Minute ![9] ne nous faisons pas de mauvaise affaire, la petite en pâtirait ! [10] »

Ah ! le brave homme que le sous-lieutenant Robert !

Solitaire [11] comme il l'était, Robert ne plaisait pas à ses chefs. Bon officier, sans doute, ponctuel au service, brave au feu, mais vivant comme un loup [12]. Au lieu de passer lieutenant au choix, comme il croyait le mériter, il lui fallut attendre son tour d'ancienneté. Il ne se plaignit pas, la petite était heureuse.

Ah ! le brave homme que le lieutenant Robert ! — Oui, brave, et brave de toutes les façons, brave au feu et brave dans la vie ; courageux, résigné, patient, constant et ferme !

RÉSUMÉ.

SOYEZ COURAGEUX. LA PEUR EST INDIGNE DE LA PERSONNE HUMAINE. SACHEZ REGARDER EN FACE, AVEC CALME ET FERMETÉ, LES DANGERS AUXQUELS VOUS SEREZ EXPOSÉS ; SACHEZ SUPPORTER LES MAUX QUE VOUS AUREZ A SUBIR ; SOYEZ RÉSIGNÉS AUX MALHEURS QUI VOUS ATTEINDRONT ; SOYEZ PATIENTS ; SOYEZ CONSTANTS ; SOYEZ FERMES DANS VOS IDÉES ET DANS VOTRE CONDUITE.

EXERCICES.

1. Qu'est-ce que le courage ? — Citez, d'après vos souvenirs, des exemples d'actes courageux.

2. Pourquoi devons-nous être courageux ?

3. Y a-t-il plusieurs espèces de courage ? N'y a-t-il de courageux que ceux qui bravent la mort sur le champ de bataille ? — Montrer que le courage est souvent nécessaire dans les différentes circonstances de la vie.

1. *Imagination*, faculté d'invention.
2. *Frisson*, vif saisissement de terreur.
3. *Couardise*, lâcheté.
4. *Tranchée*, fossé dans lequel les assiégeants s'abritent.
5. *Carcasse*, familièrement le corps.
6. *Aux trousses*, à la poursuite.
7. *Pension*, ici : pensionnat.
8. *Solde*, traitement d'un officier.
9. *Minute*, ici : attention, patience.
10. *Pâtir*, souffrir.
11. *Solitaire*, qui vit seul.
12. *Vivre comme un loup*, vivre solitaire.

CHAPITRE V.

LA DIGNITÉ.

C'est la leçon de lecture. Jules lit dans son livre de lectures courantes :

« Un jour, l'empereur Vespasien [1] voulut empêcher le sénateur Helvidius Priscus d'aller au sénat [2]. — Il est en ton pouvoir, lui répondit Helvidius de m'empêcher d'être du sénat ; mais tant que j'en serai, j'y dois aller. — Eh bien ! vas-y, mais tais-toi. — Ne m'interroge pas, et je me tairai. — Mais il faut que je t'interroge. — Et moi, il faut que je dise ce qui me semble juste. — Si tu le dis, je te ferai mourir. — Quand t'ai-je dit que j'étais immortel [3]. »

« Pendant les guerres de la première République, un petit soldat de quatorze ans, Joseph Barra, fut rencontré par des chouans [4]. Crie : vive le roi ! lui dirent-ils, et tu auras la vie sauve. — L'enfant cria : vive la République ! Il fut égorgé. »

C'est bien, dit le maître ; arrêtez-vous. — Pourquoi Helvidius Priscus répondit-il comme il le fit à l'empereur Vespasien ? C'était par dignité de caractère. Et Barra, pourquoi ne voulut-il pas crier : Vive le roi ?... C'était de même par dignité de caractère.

La **dignité**, voilà un beau mot et une belle chose ! L'homme est un être de grande valeur, car il est une personne, et il n'y a rien au monde qui ait plus de prix que la personne humaine. Aussi sommes-nous obligés de ne pas nous avilir [5], et de garder notre prix en conservant notre dignité d'homme.

Ce qui fait la valeur de l'homme, c'est son indépendance ; il perd donc sa valeur, et avec elle sa dignité, quand il laisse porter atteinte à son indépendance, ou qu'il la sacrifie lui-même.

Les occasions ne manquent pas. En premier lieu notre indépendance est sans cesse menacée par des ennemis intérieurs que nous portons en nous-mêmes. Ces ennemis, ce sont nos passions. Vous avez vu des gens en colère ? N'ont-ils pas perdu toute indépendance ? Ne sont-ils pas hors d'eux-mêmes, comme on dit si justement ? Ne sont-ils pas dominés par leur colère ? Les avares sont dominés par l'amour de l'argent ; les ambitieux par l'amour des honneurs ; les débauchés, par l'amour des plaisirs ; ils ne se dirigent plus ; ils vont où leur passion les porte. N'ayant plus d'indépendance, ils n'ont plus de dignité.

Un autre ennemi bien redoutable de notre indépendance et de notre dignité, c'est la faiblesse de caractère, jointe au souci de l'intérêt personnel. Il y a des hommes dans le monde qui ont la prétention d'imposer aux autres leur manière de voir et leurs volontés ; pour peu qu'ils soient puissants, ils rencontrent peu de résistances : on s'incline et on plie devant eux ; on dit comme eux ; on fait ce qu'ils demandent ; on trouve bon tout ce qu'ils font. Ce n'est pas là, mes enfants, une posture [6] digne de l'homme.

Il faut être poli avec tout le monde, respectueux envers ses parents, ses amis, ses supérieurs et ses chefs ; mais les manières polies et respectueuses ne sont pas de la bassesse. Le respect appelle le respect. Le respect que je témoigne à mes supérieurs indique à la fois que je les estime et que je crois avoir droit à être estimé d'eux.

Soyez donc toujours poli et respectueux ; mais soyez-le sans servilité [7]. N'ayez pour personne de ces complaisances qui dénotent [8] une âme vile et servile.

N'abaissez jamais votre âme. De tous les êtres, l'homme seul porte le front haut. Portez aussi l'âme haute, et, s'il le faut, sachez préférer votre dignité à vos intérêts. La vie humaine n'a de prix que par la dignité.

RÉSUMÉ.

N'OUBLIEZ JAMAIS QUE VOUS ÊTES DES HOMMES, C'EST-A-DIRE DES ÊTRES LIBRES. N'ALIÉNEZ JAMAIS VOTRE INDÉPENDANCE ; GARDEZ-VOUS DE TOUTE ACTION QUI VOUS AVILIRAIT ; AYEZ LE RESPECT DE VOTRE PERSONNE ; MAIS SOYEZ TOUJOURS POLIS ENVERS LES AUTRES, SANS BASSESSE ET SANS SERVILITÉ.

EXERCICES.

1. Montrez que l'homme est obligé de conserver son indépendance.

2. Citez des actions contraires à la dignité humaine ; — Citez des actions conformes à cette dignité.

3. Montrez comment la politesse et les manières respectueuses ne nous font pas perdre notre dignité.

1. *Vespasien*, empereur romain.
2. *Sénat*, était à Rome une assemblée politique.
3. *Immortelle*, qui ne doit pas mourir.
4. *Chouan*, nom qu'on donna pendant la Révolution à des bandes qui faisaient la guerre contre la République.
5. *Avilir*, rendre vil, sans valeur.
6. *Posture*, attitude, manière d'être.
7. *Servilité*, bassesse d'âme.
8. *Dénoter*, désigner, faire voir.

CHAPITRE VI.

LA DIGNITÉ (*suite*).

La leçon qu'il venait d'entendre sur la dignité avait rendu Pierre tout songeur [1]. Il y pensait en revenant de l'école.

« La dignité, se disait-il, c'est d'être indépendant ; mais on ne peut être indépendant si l'on n'est pas son maître. Mes parents ne sont pas leurs maîtres ; ils sont tous deux au service de M. Dubois, qui me loge avec eux ; je ne serai peut-être pas mon maître non plus, car papa parle de me louer l'année prochaine au fermier de M. Dubois. Est-ce que papa

et maman n'ont pas de dignité? Est-ce que je n'en aurai pas
si j'entre en service chez le fermier? »

Cette idée l'embarrassait et le chagrinait; il y pensait encore en arrivant à la maison de M. Dubois. Justement
celui-ci était sur sa porte:

— Eh ! bon jour, Pierrot ; on a bien travaillé aujour-
d'hui ?

— Oui, Monsieur.

— Que vous a-t-on fait faire ?

— Une page d'écriture, un problème, une lecture et une
leçon de morale.

— Et sur quoi, la leçon de morale?

— Sur la dignité.

— Sur la dignité ! Peste ! on ne nous traitait pas si bien
de mon temps ! Et que vous a dit le maître d'école sur la
dignité ?

Pierre rapporta tant bien que mal la leçon qu'il avait entendue, et encouragé par le sourire bienveillant de M. Dubois, il lui fit part de son embarras.

— Allons ! Pierrot, dit M. Dubois, je vois que tu as de la
fierté ; c'est une bonne disposition pour être un honnête
homme. Mais ne te tourmente plus. On peut être au service
d'autrui sans perdre pour cela sa dignité. Vois ton père et
ta mère. Je demande à ton père de faire pousser mes légumes, de soigner mon cheval et de conduire ma voiture ;
je demande à ta mère de faire ma cuisine et de tenir ma
maison en bon état; je leur demande de me servir avec exac-
titude, fidélité et respect. En quoi cela pourrait-il porter
atteinte à leur dignité...? Ah ! sans doute, ils ne pourraient
aller se promener à toute heure, s'il leur en venait l'idée.
Mais, mon garçon, moi qui suis leur maître, j'ai été logé
longtemps à la même enseigne². Quand j'étais inspecteur
des finances³, je ne pouvais non plus aller me promener
toutes les fois que je l'aurais voulu. J'avais à remplir les devoirs de ma fonction. Mais, je te l'assure bien, en les rem-
plissant, en servant l'État, jamais je n'ai cru sacrifier ma
dignité... Mais, réponds-moi... Ton père a pu se marier
tout en étant à mon service?

— Oui, Monsieur.

— Ta mère va à la messe quand elle veut ?

— Oui, Monsieur.

— Quand il y a des élections, ton père vote comme il l'entend?

— Pour cela, je n'en sais rien.

— Je le sais, moi. — Eh bien ! ami Pierrot, tes parents sont entièrement les maîtres de leur conscience ; j'ai à leur demander compte des services pour lesquels je les paie; mais je n'ai pas acheté et ils ne m'ont pas vendu leur âme. Es-tu rassuré maintenant ?

RÉSUMÉ.

VOUS POURREZ ÊTRE AU SERVICE D'AUTRUI ET AU SERVICE DE L'ÉTAT SANS RIEN PERDRE DE VOTRE DIGNITÉ ; MAIS N'ACCEPTEZ JAMAIS DE SERVIR DANS DES CONDITIONS QUI NE VOUS LAISSERAIENT PAS L'ENTIÈRE INDÉPENDANCE DES ACTES QUI RELÈVENT UNIQUEMENT DE VOTRE CONSCIENCE.

EXERCICES.

1. Perd-on de sa dignité en se mettant au service d'autrui ?

2. Dans quel cas devrait-on refuser de servir ?

1. *Songeur*, qui est préoccupé.
2. *Être logé à la même enseigne*, être dans le même état.

3. *Inspecteur des finances*, fonctionnaire qui vérifie les écritures et la caisse des percepteurs

CHAPITRE VII.

LES DEVOIRS ENVERS L'INTELLIGENCE.

Joseph et Léon reviennent des examens pour le certificat d'études ; ils les ont subis avec succès et en sont tout fiers. Leur excellent instituteur qui les accompagne en est plus fier qu'eux encore. Chemin faisant, il cause avec eux.

LE MAÎTRE. — C'est fort bien cela, d'avoir son certificat d'études. Mais qu'allez-vous faire maintenant? Viendrez-

vous encore en classe, au cours complémentaire qui s'ou-
vrira à la rentrée ?

JOSEPH. — Je le voudrais bien ; mais papa dit que voilà
l'âge arrivé de travailler. Je resterai à la maison, pour travailler avec lui.

LE MAÎTRE. — Et vous, Léon?

LÉON. — Moi, je vais entrer chez M. Maisonneuve, le
notaire ; je ferai des écritures et porterai des papiers.

LE MAÎTRE. — Je n'ai rien à dire à cela. Mais, bien que
vous ne soyez plus écoliers, j'espère que vous n'oublierez pas
le chemin de l'école.

JOSEPH. — Oh! Monsieur, nous ne sommes pas des
ingrats !

LE MAÎTRE. — Ce n'est pas là ce que je veux dire, mon
enfant ; je vous demande de revenir de temps en temps à
l'école, non pas seulement pour voir votre ancien maître qui
vous sera toujours dévoué, mais pour chercher des livres de
la bibliothèque populaire, car vous n'avez pas fini de vous
instruire... mais, j'y songe, votre sujet de composition pour
le certificat d'études, c'était justement les *Devoirs de l'homme
envers son intelligence*... Comment avez-vous traité cela ?...
Bien, sans doute, puisque vous avez votre certificat ; cependant je serais curieux de savoir ce que vous avez dit.

JOSEPH. — Je me suis souvenu de ce que vous nous aviez
dit plusieurs fois : Puisque notre corps qui n'est en définitive
qu'un serviteur de l'âme, réclame déjà de notre part des
soins assidus, à plus forte raison notre âme qui est notre
personne elle-même en réclame davantage. Il ne suffit pas
de la préserver de toute souillure ; il faut aussi la cultiver
et la développer.

LE MAÎTRE. — Tout cela c'est vrai ; mais vous récitez de
mémoire.

JOSEPH. — Puis il m'est venu une idée.

LE MAÎTRE. — Voyons cette idée.

JOSEPH. — A la maison, on met la semence dans le coin
le plus propre et le plus sec du grenier. Mais si on ne faisait
pas autre chose, on n'aurait pas de récolte. Alors, on laboure
la terre, on la herse, on l'ensemence. Eh bien ! j'ai dit que

l'intelligence était comme une terre, qu'il fallait la cultiver pour lui faire rapporter quelque chose.

LE MAÎTRE. — Voilà qui est bon... Et vous, Léon ?

LÉON. — Oh ! moi, je n'ai pas eu une aussi belle idée : mais ce que j'ai dit revenait à peu près au même. J'ai dit qu'on ne savait rien sans l'avoir appris, que nous n'avions pas inventé tout seuls l'arithmétique, l'orthographe, la grammaire et la géographie, et que nous ne saurions rien de tout cela, si nous n'étions pas venus à l'école.

LE MAÎTRE. — C'est tout ?

LÉON. — Oui, Monsieur.

LE MAÎTRE. — Ce n'est pas mal, mais il y avait quelque chose à dire que vous n'avez dit ni l'un ni l'autre. Vous avez parlé un peu trop comme des écoliers qui ne connaissent guère que leur école. Mais c'est surtout le jour où vous allez quitter l'école que le devoir de cultiver votre intelligence va s'imposer à vous. A l'école, je suis là pour stimuler les paresseux ; une fois sortis de l'école, je ne serai plus auprès de vous, et vous ne continuerez à apprendre quelque chose que si vous le voulez.

Il faut le vouloir, mes enfants. Ce que vous savez n'est rien en comparaison de ce que vous pourriez savoir. Je ne veux pas dire que tous les hommes doivent être aussi savants les uns que les autres ; ce serait une sottise. Celui qui est forcé de travailler pour vivre doit d'abord songer à son métier ; mais, malgré cela, vous aurez des heures de répit [2] et de loisir ; profitez-en pour lire et pour réfléchir à ce que vous aurez lu. Je suis très satisfait de vous voir emporter de l'école votre certificat d'études ; je serai plus heureux encore si vous en emportez le goût de la lecture. J'ai lu dans je ne sais plus quel auteur ce mot qui m'a frappé : « Je n'ai jamais eu de chagrin qu'une heure de lecture n'ait dissipé. » C'est bien vrai ; je l'ai éprouvé sur moi-même.

Et puis, mes enfants, l'homme ne vit pas seulement de pain ; il vit aussi de vérité. Beaucoup de gens n'ont pas l'air de s'en douter ; les dimanches et jours de fête, parfois même les jours sur semaine, ils vont au cabaret ; ils y dépensent leur argent, et s'y perdent. Ne faites pas comme eux ; quand vous aurez des loisirs, profitez-en pour goûter les plaisirs élevés que donnent les belles choses qui sont dans les livres.

Mais nous voilà arrivés ; au revoir, et ne manquez pas de venir chercher des livres à ma bibliothèque.

JOSEPH et LÉON. — Oui, Monsieur.

RÉSUMÉ.

INSTRUISEZ-VOUS. VOUS NE SEREZ VRAIMENT DES HOMMES QU'EN CULTIVANT ET EN DÉVELOPPANT VOTRE INTELLIGENCE. CONSACREZ A VOTRE INSTRUCTION LES HEURES DE LOISIR QUE VOUS LAISSERONT VOS TRAVAUX.

EXERCICES.

1. Montrez l'utilité de l'instruction.
2. Montrez que c'est un devoir pour chaque homme de cultiver son intelligence.

1. *Souillure* ce qui salit.

2. *Répit*, temps laissé libre par le travail.

CHAPITRE VIII.

LE TRAVAIL.

Pour la plupart des hommes, le travail est une nécessité. On ne vit pas de rien, et qui ne travaille pas n'a rien. Pour tous, c'est un devoir. Qu'est-ce en effet que le travail ? On appelle de ce nom tout exercice utile de notre corps et de notre esprit. Je travaille, en écrivant ces lignes destinées à vous faire comprendre la dignité du travail ; votre maître travaille en vous apprenant le calcul ou l'orthographe ; vos pères travaillent à l'atelier ou aux champs ; vos mères travaillent à la maison. Le travail est donc la mise en valeur d'une partie de notre personne.

Le travail, mes enfants, est une vertu individuelle qui suppose toutes les autres. Travailler, c'est avoir du courage, de l'énergie, de la patience, de l'ordre, de l'esprit de suite. Aussi comme nous en sommes récompensés ! Le travail nous donne les moyens de vivre. « Fainéantise voyage si lentement, a dit le bonhomme Richard [2], que pauvreté l'a bientôt rattrapée. » Il nous met en garde contre les mauvaises pensées et les mauvaises passions ; celui qui a bien peiné tout le jour ne songe pas à mal ; il nous donne belle humeur, paix et joie ; avec ce compagnon, les journées coulent paisibles et rapides ; sans lui, elles n'en finissent pas. Voltaire [3] avait raison de dire : « Le travail éloigne de nous trois grands maux : l'ennui, le vice et le besoin. »

Le travail n'a pas toujours été en honneur comme il l'est aujourd'hui. Pendant longtemps on a cru qu'il était indigne d'un homme libre de faire œuvre de ses dix doigts. Erreur, mes chers enfants ; le travail élève l'homme, au lieu de l'avilir. Certes, tous les hommes ne peuvent se livrer aux mêmes travaux, car ils n'ont pas tous les mêmes forces et les mêmes aptitudes [4] ; mais pour tous il est honorable de travailler dans la mesure de leurs forces et de leurs aptitudes.

Plus les sociétés humaines se perfectionnent, plus le travail se divise. Un sauvage [5] sait tout faire ; il sait construire sa hutte [6], se creuser un canot dans le tronc d'un arbre, se fabriquer des armes et des vêtements, tuer son gibier et le faire cuire ; en un mot, il fait tous les métiers. Mais quelle différence entre ses œuvres et celles des hommes civilisés ! que son canot d'écorce est loin de nos grands vaisseaux cuirassés [7] ! Mais aussi, pour faire ces grands navires, il ne suffit pas d'un tronc d'arbre et d'un homme armé d'une hache, il faut un ingénieur pour en dresser le plan, des charpentiers pour en construire la quille [8], des forgerons pour en fabriquer la cuirasse et l'ajuster, des mécaniciens pour en faire la machine et l'hélice [9], que sais-je encore ? des voiliers [10], des cordiers, des calfats [11].

Plus nous allons, plus le travail se divise. Vous voyez cette épingle ; elle a beau être petite et de mince valeur, pour la faire, il n'a pas suffi d'un ouvrier ; un l'a taillée, un autre l'a aiguisée, un autre a fabriqué la tête. — Voyez aussi de quelle façon on bat aujourd'hui le blé ; autrefois on le battait au fléau dans la grange ; aujourd'hui, on le bat à la machine, en plein champ ; c'est plus rapide ; mais pour aller plus vite, il faut se partager la besogne : les uns font aller la machine, les autres apportent les gerbes, ceux-ci enlèvent la paille, ceux-là le grain.

Qu'arriverait-il si chacun voulait faire la même chose que les autres ? Rien ne se ferait plus, et nous retournerions vite à la vie sauvage. Toutes les besognes sont donc utiles. Par conséquent n'ayez pas de mépris pour celle dont vous serez chargé ni pour celle des autres. Aucun travail n'est indigne de l'homme. Il n'y a pas de sots métiers, il n'y a que de sottes gens.

RÉSUMÉ.

L'HOMME EST FAIT POUR TRAVAILLER, COMME L'OISEAU POUR VOLER. LE TRAVAIL EST LA MISE EN VALEUR DES TRÉSORS QUI SONT CONTENUS EN NOUS, ET QUI, SANS LE TRAVAIL, RESTERAIENT CACHÉS. AUCUN TRAVAIL N'EST INDIGNE DE L'HOMME.

EXERCICES.

1. Qu'est-ce que travailler ? Est-ce la même chose que jouer ?
2. Montrez que tout travail, physique et intellectuel, a des effets utiles.
3. Montrez les résultats avantageux du travail.
4. Quelles sont les vertus qui accompagnent le travail ?
5. Faites voir comment le travail se divise de plus en plus à mesure que la civilisation progresse.
6. Quelles sont les conséquences de cette division.
7. Montrez par des exemples qu'aucun travail n'est indigne de l'homme.

1. *Mise en valeur*, ce qui fait ressortir la valeur d'une chose.
2. *Bonhomme Richard*, personnage imaginé par Franklin.
3. *Voltaire*, écrivain français du XVIIIe siècle.
4. *Aptitude*, disposition.
5. *Sauvage*, homme non civilisé.
6. *Hutte*, cabane en bois et en terre.

7. *Vaisseau cuirassé*, recouvert d'une cuirasse de métal.
8. *Quille*, pièce qui est la base du navire.
9. *Hélice*, appareil qui fait marcher les bateaux à vapeur.
10. *Voilier*, ouvrier qui fait les voiles des navires.
11. *Calfat*, ouvrier de marine.

CHAPITRE IX.

L'ÉCONOMIE ET L'ÉPARGNE.

Une vertu, fille du travail et de la prévoyance, c'est l'économie qui, à son tour, produit l'épargne, laquelle produit la
richesse.

Au jour le jour, sans souci du lendemain, c'est le refrain
de la cigale de la fable. Mais vous savez ce qui arriva, quand
la bise fut venue. La cigale, sans provisions d'hiver,

> Alla crier famine,
> Chez la fourmi sa voisine,
> La priant de lui prêter
> Quelques grains pour subsister,
> Jusqu'à la saison nouvelle.

Si elle avait été laborieuse et économe comme la fourmi,
elle aurait eu des épargnes, et elle aurait pu laisser passer
l'hiver sans souffrir et sans implorer le secours d'autrui.

Épargner est un devoir. Ce n'est pas à dire que nous
devions avoir le culte de l'argent. L'argent n'est pas un
dieu, il n'est qu'un serviteur. L'honnête homme s'efforce
d'acquérir, par le travail, l'aisance et l'indépendance ; mais
ses désirs sont modérés, il ne se passionne pas pour l'argent, surtout il ne vise pas à s'enrichir par des coups de
hasard, par des spéculations¹ aventureuses et d'une probité douteuse.

Souvent, dans la société, on estime les gens pour ce qu'ils
ont, et non pour ce qu'ils valent.

« Vous êtes dans les meilleurs termes avec M. Barbançon,
qui est une lourde bête..., dit un personnage de comédie.
— C'est un honnête homme. — Le salueriez-vous s'il était
pauvre? — S'il était pauvre, je ne le connaîtrais pas. —
C'est donc uniquement sa fortune que vous connaissez
et son argent que vous saluez(1)? »

---

(1) *Les Effrontés*, d'Émile Augier.

Ce qui mérite d'être salué, ce n'est pas l'argent, c'est le travail honnête qui le procure.

Retenez bien ceci, il n'est pas de petites économies.

Un jour, un jeune homme était, allé offrir ses services à un riche banquier qui ne les avait pas acceptés. Comme il sortait, il aperçut à ses pieds une épingle. Combien à sa place ne se seraient pas donné la peine de se baisser pour la ramasser. Une épingle ! Y pensez-vous ?

Mais lui avait l'esprit d'ordre et d'économie ; il se baissa et ramassa l'épingle. Grand bien lui en prit. Le banquier l'avait suivi du regard ; il avait vu ce qu'il avait fait ; il en fut si frappé qu'il le rappela et lui donna sur-le-champ la place que quelques instants auparavant il lui avait refusée...

Aujourd'hui le jeune homme à l'épingle est l'associé de son ancien patron ; à force d'ordre, de probité, de travail et d'économie, il a fait fortune à son tour.

Ainsi les gros profits viennent des petites économies. Une goutte de pluie n'est pas une rivière ; mais les gouttes de pluie ajoutées aux gouttes de pluie font de petits ruisseaux, et les petits ruisseaux font de grandes rivières.

RÉSUMÉ.

Soyez prévoyants ; songez au lendemain ; faites des économies sur vos profits de chaque jour ; épargnez ; gardez-vous de toute dépense inutile. Ne vous laissez pas séduire par l'attrait souvent trompeur des gains rapides et faciles ; ils ne sont pas toujours honnêtes. N'aimez pas l'argent pour lui-même, mais pour ce qu'il procure. Ayez des goûts modestes et des besoins modérés.

EXERCICES.

1. Qu'est-ce que l'économie ? — Qu'est-ce que l'épargne ?
2. Quelles sont les conséquences de l'économie et de l'épargne ?
3. Citez des exemples de dépenses inutiles.
4. Que doit-on faire de ses économies ? — Qu'est-ce que la caisse d'épargne ?
5. Qu'y a-t-il de respectable dans la richesse ?

1. *Spéculation*, entreprise faite pour gagner de l'argent.

LIVRE IV

NOS DEVOIRS ENVERS LES AUTRES HOMMES

———

CHAPITRE Ier.

LA RÉCIPROCITÉ.

Nos devoirs, nous le savons, consistent dans le respect de la personne humaine. Nos semblables sont des personnes comme nous ; il en résulte que nous avons des devoirs envers eux.

Ces devoirs sont de deux sortes : les uns consistent à **ne pas faire aux autres ce que nous ne voudrions pas qu'on nous fît** ; on les appelle **devoirs de justice** ; — les autres à **faire à autrui ce que nous voudrions qu'on nous fît** ; on les appelle **devoirs de bienfaisance**.

Les devoirs de l'homme envers ses semblables sont **réciproques** [1]. Je suis tenu, par exemple, de ne pas porter atteinte à votre vie, à votre liberté, à votre propriété, à votre réputation ; je suis tenu de vous venir en aide dans la limite de mes moyens ; mais vous, vous êtes tenus aux mêmes obligations envers moi. J'ai cent arpents de vigne, vous en avez deux seulement ; les fruits de vos deux arpents vous appartiennent, et je ne dois pas y toucher ; mais les fruits de mes cent arpents m'appartiennent et vous ne devez pas y toucher ; — je vous prends à mon service pendant le temps de la moisson ; vous me devez votre travail ; moi je vous dois votre salaire ; il ne vous est pas permis de me dérober une partie du temps pour lequel je vous paie ; il ne m'est pas permis de vous payer moins que le prix convenu pour vos services. Chacun de nous doit tenir son engagement.

Les devoirs de bienfaisance ne sont pas moins réciproques que les devoirs de justice ; mais là il faut s'entendre. D'une manière générale, tous les hommes doivent s'aider les uns les autres ; mais ils ne peuvent le faire de la même façon ni dans la même mesure, car ils n'ont pas tous les mêmes forces et les mêmes ressources.

L'hiver dernier, le vieux Jean Blanc, le cantonnier, vint à tomber malade. Comme il est seul et pauvre, il fût mort s'il n'avait pas eu dans son voisinage une fermière charitable qui vint à son secours et lui donna soins, médicaments et pitance². Chaque jour elle allait le voir et le soigner. Le pauvre Jean Blanc se confondait en remerciements.

— Ah ! ma bonne dame, jamais je ne pourrai vous rendre ce que vous faites pour moi !

— Attendez, père Jean, l'occasion viendra peut-être.

L'occasion vint en effet. A quelques mois de là, notre fermière revenait du marché, conduisant elle-même sa voiture ; son cheval prit peur et s'emporta. Le père Jean Blanc qui était sur la route à casser ses cailloux, se jeta bravement à la tête de l'animal et empêcha un malheur. — Il avait rendu à sa bienfaitrice, en une autre monnaie, le service qu'il avait reçu d'elle.

Voilà la réciprocité dans la bienfaisance. Services mutuels³, quelle que soit la monnaie dans laquelle on paie les services reçus.

RÉSUME.

LES HOMMES ONT DES DEVOIRS LES UNS ENVERS LES AUTRES. CES DEVOIRS CONSISTENT : LES UNS A NE PAS FAIRE AUX AUTRES CE QUE NOUS NE VOUDRIONS PAS QU'ON NOUS FÎT — CE SONT LES DEVOIRS DE JUSTICE ; — LES AUTRES A TRAITER AUTRUI COMME NOUS VOUDRIONS ÊTRE TRAITÉS NOUS-MÊMES — CE SONT LES DEVOIRS DE BIENFAISANCE. CES DEVOIRS SONT RÉCIPROQUES. TOUS LES HOMMES

SONT TENUS ENVERS MOI AUX OBLIGATIONS AUXQUELLES JE SUIS TENU ENVERS EUX.

EXERCICES.

1. Pourquoi chacun de nous a-t-il des devoirs envers les autres hommes ?

2. En combien d'espèces se divisent ces devoirs ?

3. Donnez la formule des devoirs de justice et celle des devoirs de bienfaisance.

4. Montrez par des exemples ce que c'est que la réciprocité des devoirs.

5. Montrez de quelle façon les devoirs de bienfaisance sont réciproques.

1. *Réciproques*, ici qui obligent également les hommes les uns envers les autres.

2. *Pitance*, ce qu'il faut pour le repas d'une personne.

3. *Mutuel*, de l'un à l'autre.

CHAPITRE II.

LE RESPECT DE LA VIE D'AUTRUI. — L'HOMICIDE, LE DROIT DE LÉGITIME DÉFENSE, LA GUERRE.

Ce que nous devons tout d'abord respecter en nous-même, c'est notre vie. Ce que nous devons tout d'abord respecter dans les autres hommes, c'est leur vie. « **Tu ne tueras point** » est un précepte si évident, un commandement si naturel qu'il n'est pas besoin de le démontrer; l'**homicide** [1] est une action si monstrueuse, qu'il est superflu de vous en inspirer l'horreur.

Toutes les fois que ta propre vie n'est pas en danger, ne tue pas. Un homme t'a outragé ; si la société est impuissante à le punir, ce qui arrive quelquefois, ne cède pas à la colère et au désir de la vengeance, ne tue pas cet homme : la vie humaine est sacrée.

Ton pays est opprimé ; la mort de celui qui l'opprime serait une délivrance. Ne le tue pas : la vie humaine est sacrée.

Mais si tu es attaqué, si par la mort seule de celui qui t'attaque, tu peux sauver ta vie, tue-le ; en s'attaquant à ta vie, il s'est mis hors du droit ; tue-le, pour ne pas mourir ; tu es en état de **légitime défense**, car ta vie est sacrée.

Toutefois, n'étends pas outre mesure le droit de légitime défense. Il est strictement limité à la protection de ta vie ; il n'est plus un droit, s'il s'agit de défendre ta propriété. — J'ai vu un jury de cour d'assises [2] acquitter un homme accusé d'avoir tué un voleur qui lui avait dérobé des pommes de terre. Je n'aurais pas jugé comme ce jury. Quelques boisseaux de pommes de terre ne peuvent être mis en balance avec la vie d'un homme.

— Mais, à la guerre, n'est-ce pas un devoir de tuer les ennemis ?

— Il le faut bien. Sur le champ de bataille, le soldat est doublement en droit de légitime défense. Il tue pour défendre sa vie, il tue pour défendre sa patrie.

Quelle chose horrible que la **guerre** ! Elle arme les hommes les uns contre les autres ; elle dépeuple les villes et les campagnes ; elle fait des veuves et des orphelins ; elle fait servir à la ruine du genre humain les progrès de la science et de l'industrie. En vain a-t-on voulu soutenir qu'elle était nécessaire au maintien des vertus viriles, qu'elle entretenait le courage, l'esprit d'abnégation [3] et de sacrifice. Le courage ne peut-il donc se montrer que sur le champ de bataille ? Un médecin qui reste fidèle au poste pendant une épidémie [4], un marin qui se jette à la mer pour sauver un de ses semblables n'ont pas besoin de la guerre pour être courageux et braver la mort.

Il faudrait donc condamner absolument la guerre, si parfois elle ne nous imposait le plus sacré des devoirs. En effet, il y a guerre et guerre : il y a ces guerres qu'entreprennent les princes par ambition, par amour des conquêtes et de la gloire ; mais il y a la guerre par laquelle un peuple défend son territoire envahi et sa liberté menacée. Celle-là, c'est la guerre sainte ; elle met tout un peuple en droit de légitime défense. Mort à l'ennemi !

Mais alors même le soldat doit se souvenir qu'il est homme, et s'abstenir de toute mort inutile. Tuer des prisonniers et des blessés, égorger des femmes et des enfants, sont des atrocités que les droits de la guerre ne justifient pas.

RÉSUMÉ.

SAUF LE CAS DE LÉGITIME DÉFENSE, NE FAITES JAMAIS VIOLENCE A LA PERSONNE D'AUTRUI.

EXTRAIT DES LOIS FRANÇAISES. — *Le meurtre, ou homicide commis volontairement, mais sans préméditation ou sans guet-apens, l'assassinat, ou homicide commis volontairement avec préméditation ou guet-apens, sont punis, suivant les cas, des travaux forcés à temps, des travaux forcés à perpétuité, ou de la mort. — Les coups et blessures, n'ayant pas entraîné la mort, sont punis de la prison.* (Code pénal.)

EXERCICES.

1. Pourquoi l'homicide et les coups et blessures ont-ils défendus par la loi morale ?

2. Qu'appelle-t-on droit de légitime défense ? — Quelles sont les conséquences de ce droit, et quelles en sont les limites ?

3. En quel sens la guerre met-elle les habitants d'un pays en droit de légitime défense ?

1. *Homicide,* action de tuer un de ses semblables.
2. *Jury,* réunion de juges; *jury de cour d'assises,* réunion de citoyens appelés à juger les criminels.

3. *Abnégation,* qualité qui consiste à ne pas tenir compte de soi-même.
4. *Épidémie,* maladie qui sévit sur une population tout entière.

CHAPITRE III.

LE RESPECT DE LA LIBERTÉ D'AUTRUI.

Tous les hommes naissent libres ; leur liberté est une partie de leur personne ; par suite je suis tenu de respecter la liberté de mes semblables, et eux sont tenus de respecter la mienne.

Ce principe n'a pas toujours été reconnu. Autrefois, chez les peuples de l'antiquité [1], et même de notre temps, dans certains pays, on a cru qu'il était permis d'avoir des esclaves [2]. C'est une monstrueuse erreur. En vain, pour justifier l'esclavage, a-t-on dit que les esclaves étaient des ennemis vaincus, mis par le droit de la victoire à la merci du vainqueur, ou encore des hommes d'une qualité inférieure, incapables de commander, faits seulement pour obéir. Un ennemi vaincu est respectable. Il serait odieux [3], n'est-ce pas, de le tuer une fois qu'il est désarmé? Il ne l'est pas moins de lui prendre sa liberté. Quoique vaincu, il n'en est pas moins homme. Un nègre n'est pas civilisé [4] comme un blanc ; mais cette infériorité ne donne au blanc aucun droit [5] sur lui ; quoique nègre, il n'en est pas moins homme.

Une forme adoucie de l'esclavage est le servage qui a persisté en France jusqu'à la veille de la Révolution, et en Russie jusqu'en 1861. Le serf était attaché à la terre sur laquelle il était né ; il ne pouvait la quitter, aller s'établir où il aurait voulu ; il était vendu avec elle, comme un bétail ; il ne s'appartenait pas, il était possédé par un maître.

L'esclavage et le servage n'existent plus : le droit de la personne humaine à disposer d'elle-même, à faire ce qu'elle veut, est aujourd'hui reconnu par nos lois et celles de tous les peuples civilisés.

Mais ce droit n'a-t-il pas des limites? Si j'étais seul au monde, je pourrais faire tout ce que j'aurais la force de faire. Mais je ne suis pas seul au monde ; nous vivons en société, et une société est composée d'hommes égaux, ayant exactement les mêmes droits les uns que les autres.

Si vous êtes deux qui marchiez en sens inverse sur une même route, suivant la même ligne, il arrivera un instant où vous vous rencontrerez face à face, et où vous ne pourrez avancer ni l'un ni l'autre. Vous avez certes la liberté de continuer votre chemin en ligne droite ; mais vous vous trouvez en présence de quelqu'un qui a la même liberté que vous ; liberté contre liberté, que va-t-il arriver? Le plus fort passera-t-il sur le corps du plus faible? Non, chacun de vous s'écartera un peu de sa ligne et vous passerez l'un à côté de l'autre.

Vous savez comment vivent les abeilles ; aucune d'elles ne peut disposer de la ruche entière ; elles ont chacune une alvéole [6] égale à celle des autres. De même dans la société. La liberté de chacun de nous a pour limites la liberté d'autrui ; chacun de nous a pour ainsi dire son alvéole, bornée par d'autres alvéoles égales. Comme l'a dit la Convention : « La liberté est le pouvoir qui appartient à l'homme de faire tout ce qui ne nuit pas aux droits d'autrui. Elle a pour principe la raison, pour règle la justice, pour sauvegarde [7] la loi. Sa limite morale est dans cette maxime : « Ne fais pas à autrui ce que tu ne voudrais pas qu'il te soit fait. »

Voulez-vous un ou deux exemples des restrictions [8] que la liberté d'autrui impose à chacun de nous ? Nous ne devons pas encombrer la voie publique, parce que la voie publique est à tout le monde, et qu'en l'encombrant, on empêche les autres de s'en servir. On ne doit pas troubler le repos public par des chants, par des cris, par du tapage. On ne doit pas empêcher les autres de travailler comme ils l'entendent.

RÉSUMÉ.

IL FAUT RESPECTER LA LIBERTÉ DE SES SEMBLABLES ET LES ACTES PAR LESQUELS ELLE SE MANIFESTE. LA LIBERTÉ DE CHACUN A POUR LIMITE LA LIBERTÉ D'AUTRUI. NOUS NE DEVONS RIEN FAIRE DE CE QUI POURRAIT PORTER ATTEINTE A LA LIBERTÉ D'AUTRUI.

EXTRAIT DES LOIS FRANÇAISES. — *Seront punis de la peine des travaux forcés à temps ceux qui, sans ordre des autorités constituées, et hors le cas où la loi ordonne de saisir des prévenus, auront arrêté, détenu ou séquestré des personnes quelconques.* (Code pénal.)

EXERCICES.

1. Qu'était-ce que l'esclavage et le servage ?
2. Pourquoi sont-ils condamnés par la morale ?
3. Montrez que la liberté des autres impose des limites à notre liberté. Citez des exemples de cette limitation mutuelle.

1. *Antiquité*, les temps anciens.
2. *Esclave*, celui qui appartient tout entier à un maître.
3. *Odieux*, qui mérite la haine.
4. *Civilisé*, dont les mœurs ne sont pas grossières.

5. *Avoir droit sur quelqu'un*, pouvoir lui imposer quelque chose.
6. *Alvéole*, petite cellule.
7. *Sauvegarde*, garantie.
8. *Restriction*, diminution.

CHAPITRE IV.

LA PROPRIÉTÉ.

On met les voleurs en prison. Rien n'est plus juste, car en s'appropriant le bien d'autrui, ils ont commis une faute qui appelle un châtiment.

La propriété de chacun est chose sacrée et inviolable, comme la personne humaine elle-même. Vous allez le comprendre.

Il y a des pauvres et des riches, et sans doute il y en aura toujours ; mais cela n'empêche pas chaque homme de naître propriétaire. Oui, mes enfants, chaque homme est, par droit de ¹ naissance, propriétaire de son intelligence, de son activité et de ses forces, et c'est de cette propriété-là que viennent toutes les autres, la terre, les produits de la terre et l'argent.

Vos parents vont au marché et y vendent leur beurre et leurs légumes. Beurre et légumes ne sont pas venus tout seuls ; pour les avoir, il a fallu conduire la vache aux champs, la soigner à l'étable, la traire, battre son lait ; il a fallu labourer le jardin, l'ensemencer, l'arroser, en ôter les mauvaises herbes. Tout cela, c'est du travail. A qui appartient ce travail ? A celui qui l'a fait. Eh bien ! ce que ce travail a produit lui appartient de même ; de même aussi l'argent qu'il retire du produit de son travail ; de même encore tout ce qu'il peut se procurer avec cet argent.

Retenez bien ceci : **Toute propriété vient du travail ; tout travail est un exercice de l'esprit ou du corps ; chaque homme est possesseur légitime de son intelligence et de ses bras ; par suite**

il est propriétaire des produits de son travail.

Il est si vrai que la propriété vient du travail que la valeur des choses augmente avec le travail qu'elles coûtent. Vous avez vu du minerai de fer? Pour l'extraire de la mine, il a fallu du travail ; — ce travail est une valeur ; — on fond le minerai dans les hauts fourneaux ; — nouveau travail, accroissement de valeur ; — on forge la fonte sortie des hauts fourneaux ; — nouveau travail, accroissement de valeur ; — on trempe le fer sorti de la forge ; — nouveau travail, accroissement de valeur ; — on taille l'acier, on le lime ; — nouveau travail, nouvel accroissement de valeur. Ainsi le travail se dépose en quelque sorte couche à couche sur la matière, et en fait monter le prix.

Si donc vous entendez jamais dire que la propriété, c'est le vol, vous répondrez hardiment : non, **la propriété c'est le travail, c'est le travail accumulé.**

Il est vrai que certains hommes sont riches sans avoir travaillé. Mais d'où vient leur fortune ? De leurs parents, n'est-ce pas ? Eh bien ! elle ne leur était pas tombée du ciel ; ils l'avaient créée en travaillant, en économisant, en épargnant ; elle était leur œuvre ; ils l'avaient faite de leurs mains ; ils avaient donc le droit de la transmettre par **héritage** à leurs enfants.

Mais si la propriété reçue par héritage est aussi respectable que celle qui est le fruit de notre travail personnel, le meilleur moyen de la conserver est encore le travail. Vous connaissez le grand domaine de la Vallée. Depuis cent ans il se transmettait de père en fils dans la même famille, et il nourrissait ses propriétaires à ne rien faire. Mais il a fini par ne plus leur suffire ; ils ont été forcés d'emprunter d'abord, et finalement de vendre. Et qui a acheté le domaine ? les fils de leurs anciens fermiers, qui, eux, de père en fils, avaient travaillé et épargné, pendant que de père en fils, leurs maîtres avaient dépensé sans travailler et sans produire.

RÉSUMÉ.

LA PROPRIÉTÉ EST RESPECTABLE, CAR ELLE VIENT DU

TRAVAIL, ET LE TRAVAIL ÉTANT UN EXERCICE DU CORPS OU DE L'ESPRIT, APPARTIENT LÉGITIMEMENT A CELUI QUI LE FAIT.

EXTRAIT DES LOIS FRANÇAISES. — *Les attentats contre la propriété sont punis, suivant la gravité des cas, de la prison, de la réclusion, des travaux forcés à temps et des travaux forcés à perpétuité.* (Code pénal.)

EXERCICES.

1. Qu'est-ce qu'être propriétaire ?

2. De quoi chaque homme est-il naturellement propriétaire ?

3. Montrez par des exemples comment la propriété vient du travail.

4. Montrez comment la valeur des choses s'augmente progressivement par le travail qu'elles coûtent.

5. La transmission de la propriété par héritage est-elle légitime ?

6. Montrez comment la propriété venue du travail se perd sans le travail.

1. *Par droit de*, en vertu de, par suite de.

CHAPITRE V.

COMMENT ON DEVIENT PROPRIÉTAIRE.

Voulez-vous une excellente recette [1] pour devenir propriétaire ? Demandez-la à MM. Rollet et Gigon, les chefs de la maison Rollet, Gigon et Cie.

Jean Rollet perdit son père à dix ans, sa mère à quatorze. Ils lui laissaient pour tout héritage de bons exemples, un esprit avisé, des bras solides, et une volonté ferme. Il entra au service d'un cordonnier. Pour sa nourriture, il balayait l'atelier, ouvrait et fermait la boutique, et portait les chaussures chez les pratiques. A ses moments perdus, il s'essayait à manier l'alène [2] et le tranchet [3]. Fort adroit de ses mains, il fut remarqué du patron, qui fit de lui un apprenti [4]. Après son apprentissage, Jean devint ouvrier, et bon ouvrier, je vous assure. Il n'avait pas son pareil pour coudre solidement une semelle et cambrer une empeigne [5].

Sur son salaire, il avait pris la bonne habitude de mettre chaque semaine quelques sous de côté, moins qu'il n'aurait voulu, car il lui fallait payer sa mansarde, sa nourriture, son blanchissage, faire raccommoder ses vêtements, et parfois en acheter de neufs. Son magot[6] ne grossissait pas vite, à son grand désespoir, car il était ambitieux, Jean Rollet, et il avait rêvé de devenir patron. Mais pour être patron, la bonne volonté ne suffisait pas ; il fallait boutique, outils et cuirs, et tout cela coûte cher.

Il s'était lié à l'atelier avec un camarade, François Gigon. Gigon, lui aussi, voulait devenir patron, mais par d'autres moyens que Rollet. Travailler dans l'atelier d'un autre, faire sou à sou de lentes économies, lui semblait un métier de dupe[7] ; il trouvait la société mal faite, et voulait la refaire.

— Ah! mon pauvre Jean, disait-il à Rollet, tout en tirant le ligneul, tu es bien sot de croire qu'avec tes économies tu deviendras patron. C'est à peine si tu peux vivre, et tu n'as que toi à nourrir. Songe un peu à ce que ça serait, si tu avais femme et enfants. Pendant ce temps-là, le patron s'enrichit ; et de quoi s'enrichit-il, de notre travail, morbleu !... Par paire de souliers, il gagne trois fois plus que nous. Son argent qui ne fait rien lui rapporte plus de profit que ne nous en rapportent, à toi et à moi, nos bras qui travaillent. Est-ce juste cela ? Vois-tu ; il n'y a qu'un remède. Détruire le capital[8], mettre toutes les propriétés en commun, et les partager entre les travailleurs. Alors, avec ta part, tu achèterais des outils et du cuir, et tout le profit de ton travail serait pour toi. »

C'étaient, chaque jour, à l'atelier des conversations interminables sur le même sujet, et toujours ce refrain revenait dans la bouche de Gigon : abolissons le capital !

Rollet ne disait ni oui, ni non ; il réfléchissait ; enfin, un jour, après avoir bien réfléchi, il aborda son camarade.

1. *Recette*, procédé pour faire une chose.
2. *Alène*, sorte d'aiguille.
3. *Tranchet*, instrument coupant dont se servent les cordonniers.
4. *Apprenti*, celui qui apprend un métier.
5. *Empeigne*, dessus de soulier.
6. *Magot*, somme d'argent.
7. *Dupe*, celui qui est trompé par un autre.
8. *Capital*, argent mis dans une entreprise, par opposition à travail.

CHAPITRE VI.

COMMENT ON DEVIENT PROPRIÉTAIRE (suite).

— Raisonnons un peu, lui dit-il... Suppose, pour un instant, que demain toutes les propriétés de France soient partagées entre tous les Français. Il n'y aura plus ni pauvres, ni riches ; tous auront la même fortune.

— Parfait !

— Mais combien de temps cela durera-t-il ? Chaque jour il meurt du monde, n'est-ce pas ? et chaque jour il en naît aussi.

— Oui, eh bien ?...

— Ceux qui naîtront une fois le partage fait n'auront-ils donc rien ?

— Ce ne serait pas juste.

— Alors, comment faire ?

— C'est fort simple, ils prendront les parts de ceux qui seront morts.

— A merveille ; mais s'il en naît plus qu'il n'en meurt, faudra-t-il recommencer le partage ?

— Diable !

— Cela t'embarrasse : mais, dis-moi, une fois le partage fait, il faudra travailler ?

— Bien sûr !

— Toi et moi qui sommes laborieux, nous travaillerons ; mais crois-tu que cet ivrogne et ce propre à rien de Belœil travaillera comme nous.

— Tant pis pour lui !

— Tant pis pour lui ; c'est vite dit. Mais comment fera-t-il pour vivre ?

— Comme il fait aujourd'hui.

— Alors il y aura de nouveau des pauvres et des riches. Faudra-t-il recommencer le partage ? Ce serait à refaire tous les jours.

— Ah non ! par exemple !... Eh bien ! au lieu de partager,
on mettra tout en commun, et la société donnera à chacun
selon ses besoins et selon ses œuvres.

— Selon ses besoins ! Mais comme Belœil a besoin de
boire et qu'il ne travaille guère, il sera payé pour ne rien
faire, et c'est le travail des autres, le tien, le mien, qui lui
paiera à boire.

— Allons donc !

— Eh oui ! si l'on donne à chacun selon ses besoins...

— J'ai dit : selon ses besoins et selon ses œuvres.

— Selon ses œuvres ; soit ! Tu travailles plus que Belœil ; tu recevras plus que lui ?

— Naturellement.

— Et alors que deviendra l'égalité ? Travaillant davantage, tu auras davantage ; ce sera toujours la même histoire. Et si tu t'avises d'épargner, comme tu auras plus que
lui, Belœil te traitera de capitaliste [1] et d'exploiteur [2]. Crois-
moi, le capital ne peut pas être l'ennemi du travail, car le
travail est le père du capital.

Gigon se laissa convaincre. Il mit ses petites économies
en commun avec celles de Rollet ; à eux deux, ils louèrent
une échoppe [3], s'y établirent et y travaillèrent ferme. Dans
les commencements, la clientèle n'était pas nombreuse ; mais
comme nos deux associés faisaient de bon travail, et à des
prix modérés, elle s'augmenta vite. Les bénéfices s'accrurent
en proportion, et bientôt Rollet et Gigon purent avoir boutique et atelier. Aujourd'hui ils emploient deux cents ouvriers ; c'est la maison Rollet, Gigon et Compagnie. — Que
chacun de leurs ouvriers fasse comme eux ; qu'ils aient
comme eux du bon sens, l'amour du travail, de l'ordre et de
l'économie, l'esprit de solidarité [4] et d'association, et je leur
prédis qu'à leur tour, sans bouleverser la société, ils pourront devenir patrons et propriétaires. —

RÉSUMÉ.

TRAVAILLEZ, ÉCONOMISEZ, ÉPARGNEZ ; C'EST L'UNIQUE
MOYEN DE FAIRE UNE FORTUNE LÉGITIME. SI VOUS N'ÊTES

PAS ASSEZ RICHE POUR PRENDRE A VOUS SEUL UNE ENTRE-
PRISE, ASSOCIEZ-VOUS AVEC D'AUTRES ; VOUS POURREZ FAIRE
EN COMMUN CE QUE CHACUN DE VOUS NE POURRAIT FAIRE
EN PARTICULIER.

EXERCICES.

1. Montrez comment en travaillant, en économisant, en épargnant,
on peut devenir propriétaire.

2. Qu'est-ce que le capital et le travail ? — Montrez par des exemples
comment le capital et le travail se multiplient l'un par l'autre, comment
les capitaux permettent de faire travailler les ouvriers, comment le travail des ouvriers augmente les capitaux.

3. En quoi consiste l'erreur de ceux qui prétendent que le travail doit
être l'ennemi du capital ?

4. Qu'arriverait-il si toutes les propriétés étaient mises en commun
ou partagées également entre tous les citoyens ? Cette égalité pourrait-
elle subsister longtemps ?

5. Qu'est-ce que l'association ? En montrer les résultats avantageux.

---

1. *Capitaliste*, qui possède des capitaux.
2. *Exploiteur*, qui tire profit des
autres.

3. *Échoppe*, petite boutique en
planches.
4. *Solidarité*, responsabilité par-
tagée par plusieurs personnes.

CHAPITRE VII.

LE RESPECT DES CONTRATS ET DE LA PAROLE
DONNÉE.

Voici en quels termes le Code civil [1] définit le **contrat** :
« Le contrat est une convention par laquelle une ou plusieurs
personnes s'engagent envers une ou plusieurs personnes à
donner, à faire, ou à ne pas faire quelque chose. » Ainsi je
fais bail [2] avec un propriétaire, pour la jouissance d'une
ferme, d'une maison, d'un appartement : c'est un contrat ;
je vous emprunte de l'argent en m'obligeant à vous en payer
l'intérêt [3] et à vous le rendre dans un délai déterminé, c'est
encore un contrat.

Les contrats doivent être strictement exécutés.

Les violer, c'est manquer à la justice. J'ai le droit de jouir de la ferme, de la maison, de l'appartement que je vous ai loué, pendant tout le temps de mon bail ; mais, en retour, je dois vous en payer exactement le loyer ; je ne dois pas détériorer votre propriété. Ainsi un fermier qui, sur la fin de son bail, fait rendre à la terre plus qu'elle ne devrait produire, et la fatigue, fait tort à son propriétaire, et manque véritablement aux obligations qui résultent de son contrat.

Les tribunaux sont là pour veiller à l'exécution des engagements écrits. Les engagements verbaux [4] ne sont pas moins obligatoires. « Chose promise est chose due. » — Paul achète un bœuf à la foire, et s'engage à le payer le mois prochain ; personne n'a été témoin du marché. Paul n'en doit pas moins payer son bœuf, au jour dit, et le prix convenu.

— Mais si le bœuf était malade, doit-il le payer tout de même ?

— Sans doute. Tant pis pour lui. Que n'a-t-il mieux examiné la bête avant de l'acheter ! La fourberie de son vendeur ne l'autorise pas à manquer à la **parole donnée**.

Le respect de la parole donnée, mes enfants, quelle belle et digne chose ! C'est la probité en ce qu'elle a de plus élevé, de plus scrupuleux et de plus délicat. L'homme qui donne sa parole engage son âme. En la donnant il affirme qu'il est un honnête homme, et celui qui la reçoit croit à cette affirmation. Faillir à la parole donnée, c'est donc tout à la fois se manquer à soi-même et manquer à autrui. L'honnête homme n'a qu'une parole ; sa parole vaut une signature au bas d'un contrat.

La loyauté et la bonne foi doivent être dans tous les marchés, dans tous les commerces. Il n'est pas défendu de tirer le meilleur parti possible de la marchandise ; mais il est absolument défendu par sa conscience et par les lois de tromper sur la qualité de la marchandise. Rappelez-vous ce qui arriva, l'an dernier, aux marchandes de lait des environs. Elles s'étaient entendues presque toutes, pour en élever le prix ; c'était chose permise. Quelques-unes ne l'avaient pas voulu ; leurs pratiques étaient enchantées. Mais un beau jour on s'aperçut que, vendant le lait moins cher, elles le donnaient moins bon; elles y mettaient de l'eau. Le commissaire prévenu leur dressa procès-verbal [5] et les fit mettre en prison. C'était justice : au lieu de lait pur, elles vendaient un mélange d'eau et de lait, et comme l'eau se puise à la fontaine, elles n'en donnaient pas pour l'argent.

RÉSUMÉ.

TOUT CONTRAT, TOUT MARCHÉ DOIT ÊTRE EXÉCUTÉ; TOUTE PAROLE DONNÉE, TOUTE PROMESSE DOIT ÊTRE TENUE. — SI VOUS FAITES UN COMMERCE, NE TROMPEZ JAMAIS SUR LA QUALITÉ OU LA QUANTITÉ DE LA MARCHANDISE VENDUE. — SOYEZ TOUJOURS DE BONNE FOI DANS VOS ENGAGEMENTS. — NE VOUS ENGAGEZ JAMAIS A CE QUE VOUS SAURIEZ NE POUVOIR TENIR.

EXTRAIT DES LOIS FRANÇAISES. — *Les conventions légalement formées tiennent lieu de loi à ceux qui les ont faites. Elles ne peuvent être révoquées que de leur consentement mutuel... Elles doivent être exécutées de bonne foi.* (Code civil.)

Sont punis d'une amende de 50 francs au moins, et d'un emprisonnement de 3 mois au moins et d'un an au plus, ceux qui trompent sur la qualité et la quantité de la marchandise vendue, ceux qui falsifient les denrées alimentaires ou les médicaments, ou ceux qui se servent de faux poids et de fausses mesures. (Code pénal.)

EXERCICES.

1. Qu'est-ce qu'une convention écrite ou un contrat?
2. Qu'est-ce qu'un engagement verbal ou une promesse?
3. Montrez qu'on doit exécuter les contrats qu'on a signés et les promesses verbales qu'on a faites.
4. Montrez qu'il faut de la bonne foi dans tout marché, dans tout commerce.
5. Montrez que la mauvaise foi est une injustice.

1. *Code civil*, recueil des lois françaises qui règlent l'état des personnes, les biens et les diverses manières d'acquérir la propriété.
2. *Bail*, contrat par lequel on cède la jouissance d'une chose pour un prix et pour un temps.
3. *Intérêt*, profit qu'on retire de l'argent prêté et dû.
4. *Verbal*, sur parole et non par écrit.
5. *Procès-verbal*, acte par lequel un officier de justice constate un fait et ses circonstances.

CHAPITRE VIII.

LES DEVOIRS PROFESSIONNELS.

C'est la distribution des prix. M. l'Inspecteur la préside ; à ses côtés ont pris place M. le maire et le Conseil municipal, les délégués cantonaux et les membres de la commission scolaire. L'instituteur est à la tête de son petit bataillon. Les élèves viennent de chanter le chœur : Salut à la France. M. l'Inspecteur prend la parole ; les petits n'écoutent guère ; les grands sont tout oreille ; c'est à eux que s'adresse M. l'Inspecteur :

« Quelle sera votre profession, mes enfants ? Vous ne le savez probablement pas encore. Mais quelle qu'elle soit, elle vous imposera des devoirs.

» Les professions sont nombreuses et variées dans une société civilisée comme la nôtre. Il y a les professions manuelles, laboureur, menuisier, forgeron, charron, maçon, charpentier, couvreur, sans compter toutes les autres ; il y a les professions commerciales et industrielles, marchands de ceci, marchands de cela, fabricants de ceci, fabricants de cela ; il y a les fonctions publiques : facteur de la poste, instituteur, percepteur, cantonnier, agent-voyer, ingénieur, juge de paix et bien d'autres encore ; il y a ce qu'on appelle les professions libérales [1] : avocat, médecin, artiste [2], savant, homme de lettres.

» Toute profession rapporte un profit à celui qui l'exerce, salaire [3], bénéfice [4] ou traitement [5]. Il en résulte que nous sommes tenus d'en donner pour son argent à celui qui nous paie, que ce soit un particulier, que ce soit le public, ou que ce soit l'État. C'est là un principe de justice : donnant, donnant.

» Donc, quelle que soit un jour votre profession, remplissez-la sans négligence, exactement, scrupuleusement ; apportez-y patience, activité et probité. Si parfois la besogne vous paraît pénible, dites-vous que vous l'avez choisie ou acceptée, et que, par conséquent, vous devez l'accomplir tout entière. Mais avant de la choisir ou de l'accepter, demandez-vous en conscience si vous avez des épaules assez solides.

» Toutes les professions ne se ressemblent pas ; par suite, elles n'imposent pas toutes des obligations égales.

» Un journalier est quitte envers celui qui le paie, quand il a rempli consciencieusement sa journée ; un ouvrier, quand il a fait consciencieusement sa tâche.

» Mais dans l'exercice de certaines professions, il peut se présenter telle ou telle circonstance qui impose des peines, des dangers et parfois même des sacrifices. Peines, dangers et sacrifices doivent être alors vaillamment acceptés ; on ne saurait s'y soustraire sans manquer à sa profession.

» Ainsi qu'il pleuve, qu'il neige, ou qu'il vente, le facteur de la poste doit chaque jour faire sa tournée, comme s'il faisait beau temps.

» Qu'il pleuve, qu'il neige ou qu'il vente, le mécanicien et le chauffeur d'un train de chemin de fer doivent rester sur leur machine, comme un soldat au poste ; ils ne doivent pas l'abandonner non plus si le train qu'ils conduisent vient à tomber en détresse [6] ;

» Alors même qu'il y aurait danger à descendre dans le puits qu'il s'est engagé à creuser, le puisatier doit y descendre ;

» De même le commerçant doit tenir ses engagements, dût la ruine s'en suivre ;

» De même le capitaine d'un vaisseau qui sombre [1] doit rester le dernier sur son navire, dût-il y trouver la mort ;

» De même encore un médecin ne doit pas fuir au milieu d'une épidémie, dût-il être atteint à son tour par le mal.

» Toute profession est comme un engagement, comme un contrat ; elle oblige ceux qui l'exercent ; ils doivent y rester fidèles jusqu'au bout. »

RÉSUMÉ.

REMPLISSEZ EXACTEMENT TOUS LES DEVOIRS DE VOTRE PROFESSION. AVANT DE PRENDRE UNE PROFESSION, RENDEZ-

VOUS COMPTE DES OBLIGATIONS QU'ELLE VOUS IMPOSERA ;
MAIS UNE FOIS QUE VOUS L'AUREZ PRISE, SOYEZ FIDÈLES A
CES OBLIGATIONS, QUELQUES DÉSAVANTAGES, QUELQUES
DANGERS QU'ELLES PRÉSENTENT.

EXERCICES.

1. Montrez que chaque profession a ses devoirs. Citez des exemples.
2. En quoi consistent ces devoirs d'une manière générale?
3. Montrez que nos devoirs professionnels vont, dans certains cas,
jusqu'au sacrifice de nos biens et de notre personne.

1. *Libéral*, digne d'un homme libre.

2. *Artiste*, celui qui cultive les arts, peintre, sculpteur, musicien.

3. *Salaire*, rémunération des services d'un ouvrier.

. 4. *Bénéfice*, le profit que rapporte un commerce ou une affaire.

5. *Traitement*, l'argent que reçoit un fonctionnaire pour ses services.

6. *Détresse*, danger pressant.

7. *Sombrer*, couler bas.

CHAPITRE IX.

LE MENSONGE.

Il y avait une fois une petite fille du nom de Jeannette.
C'était la plus vive et la plus intelligente de toute l'école.
Elle n'avait pas sa pareille pour raconter gentiment une histoire. Sa maîtresse disait d'elle qu'elle avait beaucoup
d'imagination.

Mais toutes ces qualités étaient gâtées par un vilain défaut. Jeannette était menteuse; elle mentait à propos de
tout et à propos de rien. Était-il arrivé quelque chose à l'une
de ses camarades, Jeannette voulait qu'il lui fût arrivé
quelque chose de plus fort, et vite elle inventait une histoire. Parlait-on devant elle de quelque chose qu'elle n'avait
pas vu, Jeannette voulait paraître mieux au courant que les
autres, et vite une nouvelle histoire ; jamais elle n'était à
court ¹. Sa maîtresse et ses parents lui faisaient sans cesse
la guerre ; peine perdue ; Jeannette restait menteuse, par
vanité, et pour le plaisir de mentir.

Elle fut corrigée de cette détestable habitude par une terrible aventure.

Un soir, comme on rentrait des champs, le bruit se répandit que la vieille Minette, qui demeurait seule, à l'autre bout du village, et qu'on croyait riche, avait été assassinée pendant l'après-midi. Ce fut une consternation [2] ; puis, le premier moment de stupeur [3] passé, les langues allèrent leur train.

— C'est pour sûr ce mauvais sujet de Carrouset qui a fait le coup [4], disait l'un.

— C'est bien possible, disait l'autre, il rôdait toujours du côté de la maison de Minette.

— S'il a fait le coup, ajoutait un troisième, il doit avoir du sang sur ses habits, on verra bien.

Il n'en fallut pas davantage pour faire partir l'imagination de Jeannette.

— On ne verra rien du tout, dit-elle, il a lavé ses habits à la rivière ; l'eau était toute rouge autour ; je l'ai vu en revenant de l'école.

C'était un mensonge, Jeannette n'avait rien vu.

Mais le propos [5] fut recueilli et rapporté aux gendarmes. Par malheur, on trouva au logis de Carrouset un paquet de vêtements mouillés. C'en fut assez. Carrouset était un mauvais sujet, fainéant, maraudeur et querelleur. Les gendarmes prirent le paquet et emmenèrent l'homme, malgré ses protestations d'innocence.

Jeannette fut bientôt au regret de ce qu'elle avait fait; elle pensait jour et nuit à cet homme conduit en prison, menottes [6] aux mains, entre deux gendarmes. Il lui était facile de réparer en partie le mal qu'elle avait fait, en avouant son mensonge. Une fausse honte la retint.

Un matin son père reçut un papier pour la conduire le lendemain devant le juge d'instruction [7]. Jeannette eut peur et elle fut sur le point de tout avouer. La fausse honte la retint encore.

Une fois devant le juge, elle répéta ce qu'elle avait dit le jour de l'assassinat; mais sa voix tremblait en le disant. Le magistrat s'en aperçut, et comme on n'avait pas relevé de charges[8] bien accablantes contre Carrouset, il la regarda fixement en lui disant :

« — Faites attention, mon enfant, à ce que vous venez de dire. Est-ce bien vrai ce que vous racontez ? N'est-ce pas une histoire ? Vous savez, il ne faut jamais mentir, surtout devant la justice[9] ; dites-moi la vérité, toute la vérité, rien que la vérité. »

A ces graves paroles, Jeannette comprit l'étendue de sa faute, elle eut peur du mal qu'elle avait fait et de celui qu'elle pouvait faire encore. Les sanglots lui montèrent à la gorge et le rouge au visage.

« — Pardonnez-moi, monsieur, ce n'était pas vrai. » Et elle se cacha toute en larmes, mais soulagée, derrière son père, sans oser regarder le juge.

Ce fut son dernier mensonge.

RÉSUMÉ.

NE MENTEZ JAMAIS : L'HOMME NE FAIT PAS LA VÉRITÉ ; ELLE S'IMPOSE A LUI ; RESPECTEZ-LA TOUJOURS. ÉVITEZ LA DISSIMULATION, L'HYPOCRISIE. SOYEZ FRANCS ET SIN-CÈRES ; MAIS SACHEZ QU'IL N'EST PAS TOUJOURS NÉCES-SAIRE DE DIRE TOUT CE QUI NOUS VIENT A L'ESPRIT. LA RÉSERVE ET LA DISCRÉTION NE SONT PAS LE MENSONGE ET LA DISSIMULATION.

EXERCICES.

1. Qu'est-ce que le mensonge, la dissimulation et l'hypocrisie ?
2. Montrez que le mensonge est à la fois une faute envers nous-même et envers nos semblables.
3. Doit-on mentir, même avec une bonne intention ?
4. Qu'est-ce que la sincérité et la franchise ?
5. La réserve et la discrétion sont-elles la même chose que le mensonge ?

1. *Être à court, être à bout*, ne rien trouver.
2. *Consternation*, épouvante mêlée d'abattement.
3. *Stupeur*, vive surprise qui paralyse, qui rend stupide.
4. *Faire un mauvais coup*, faire une mauvaise action.
5. *Propos*, parole.
6. *Menottes*, lien qu'on met aux mains des prisonniers.
7. *Juge d'instruction*, magistrat chargé de rechercher les crimes et les délits, et d'en recueillir les preuves.
8. *Charges*, indices contre un accusé.
9. *Justice*, ici au figuré pour les juges.

CHAPITRE X.

LE RESPECT DE LA RÉPUTATION D'AUTRUI.

Le monde est ainsi fait, mes chers enfants : nous ne nous occupons pas seulement de nos affaires ; nous nous occupons aussi d'autrui, de nos amis, de nos voisins, de nos connaissances, et nous nous faisons sur chacun d'eux une idée ou une opinion ; à leur tour les autres s'occupent de nous et se font une idée et une opinion sur nous. Cette opinion que les hommes se font ainsi les uns des autres, c'est leur **réputation**.

La réputation d'un chacun est respectable, et personne ne doit y porter atteinte.

Qu'est-ce en effet que la réputation ? — C'est une propriété tout comme les autres ; elle se gagne tout comme les autres par le travail, par la probité, par l'honnêteté, par la pratique des devoirs.

Voyons : je m'adresse en ce moment à ceux d'entre vous qui ont une réputation de bons écoliers. Ils ne l'ont pas eue dès le jour de leur entrée à l'école. On ne les avait pas encore vus à l'œuvre ; on ne savait pas encore ce qu'ils vaudraient. Mais peu à peu, quand on a vu qu'ils étaient exacts à venir en classe, exacts à faire leurs devoirs et à apprendre leurs leçons, toujours attentifs et prêts à répondre, dociles à la parole du maître, ardents d'émulation[1], peu à peu on s'est dit : voilà de bons écoliers, et je suis sûr qu'ils tiennent beaucoup à cette opinion qu'on a d'eux.

De même, dans la société, notre réputation est notre œuvre, elle nous est venue à la suite de ce que nous avons fait. M. Hardy, le brigadier de gendarmerie, a la réputation d'être brave ; c'est qu'on sait qu'il n'a jamais reculé devant les dangers ; — M. Nicolet, l'épicier, a la réputation d'être honnête ; c'est qu'on sait qu'il vend de bonne marchandise, et qu'il n'a jamais fait tort à personne ; — M. Canivet, le médecin, a la réputation d'être serviable; c'est qu'on sait qu'il a souvent rendu service; — et d'après ce qu'on sait d'eux, on les estime, on les honore, on a confiance en eux.

Porter atteinte à la réputation d'autrui, c'est donc vraiment lui voler son bien.

Ce vol-là, on le commet de deux façons, par la **médisance** et par la **calomnie**.

Médire, c'est divulguer[2] les défauts et les mauvaises actions d'autrui; calomnier, c'est attribuer mensongèrement aux autres des défauts qu'ils n'ont pas, ou des mauvaises actions qu'ils n'ont pas commises.

Il y a donc une différence entre la médisance et la calomnie; cependant nous ne devons pas plus médire que calomnier.

Entendons-nous, pourtant : divulguer les méfaits[2] des voleurs, des assassins et des coquins de toute sorte, ce n'est pas médire, c'est faire une bonne action. Nous devons dénoncer aux magistrats les délits et les crimes dont nous avons été témoins, et, devant les tribunaux, ne rien cacher de la vérité.

Mais, sauf dans ce cas, la médisance est condamnable. L'homme n'est pas parfait. Le meilleur d'entre nous n'est pas sans faiblesse. A quoi bon raconter ces faiblesses? A quoi bon se donner le méchant plaisir de dire du mal de ceux dont les autres pensent du bien? Savons-nous si nos médisances ne feront pas changer la bonne opinion qu'on avait d'un honnête homme, opinion dont il est resté digne après tout, malgré quelques faiblesses? Savons-nous si en passant de bouche en bouche elles ne seront pas exagérées et ne deviendront pas des calomnies?

Mauvaise langue et mauvais cœur vont souvent ensemble; la médisance est sœur de l'envie et de la jalousie; elle est proche parente de la calomnie.

Quant à celle-ci, il suffit d'un mot pour la condamner : elle est un mensonge malfaisant.

RÉSUMÉ.

RESPECTEZ TOUJOURS LA RÉPUTATION D'AUTRUI. NE DITES

JAMAIS DE MAL DES AUTRES; ÉVITEZ LA MÉDISANCE ET LA CALOMNIE.

EXTRAIT DES LOIS FRANÇAISES. — *Toute personne qui aura été témoin d'un attentat soit contre la sûreté publique, soit contre la vie ou la propriété d'un individu, sera tenue d'en donner avis au procureur de la République.* (Code d'instruction criminelle.)

Quiconque aura fait par écrit une dénonciation calomnieuse contre un ou plusieurs individus, sera puni d'une amende et d'un emprisonnement. (Code pénal.)

EXERCICES.

1. Qu'est-ce que la réputation? Comment s'acquiert-elle?
2. Montrez que la réputation est une véritable propriété.
3. Comment peut-on faire tort à la réputation d'autrui? Qu'est-ce que la médisance? Qu'est-ce que la calomnie?
4. Montrez qu'on ne doit jamais médire, jamais calomnier.
5. Dans quels cas devons-nous divulguer les mauvaises actions d'autrui?

---

1. *Émulation*, sentiment noble qui excite à égaler et à surpasser.

2. *Divulguer*, rendre public.
3. *Méfait*, mauvaise action.

CHAPITRE XI.

LE DROIT.

Je dois respecter la vie des autres hommes, leur liberté, leurs biens et leur réputation. Réciproquement[1] les autres hommes doivent respecter ma vie, ma liberté, mes propriétés et ma réputation.

A chacun de ces devoirs correspond un **droit**. C'est pour moi un devoir de respecter vos biens; c'est pour vous un droit de me les faire respecter, si j'oublie mon devoir; — c'est pour vous un devoir de respecter ma vie; c'est pour moi un droit de vous la faire respecter si vous la menacez.

Le droit est quelque chose de bien difficile à comprendre. Je ne désespère pourtant pas, si vous êtes attentifs, de vous en donner une idée claire.

Apprenez d'abord ceci, vous le comprendrez bientôt : **le droit est en chaque homme, quelque chose qui met une limite aux actions d'autrui.**

Vous n'êtes pas sans avoir entendu parler des places de guerre et des villes fortifiées. Ce sont des villes où l'on ne peut entrer à volonté; elles sont protégées par de larges fossés qui en font le tour, et par des canons. On ne peut y pénétrer de force sans s'exposer à être repoussé par la force.

Eh bien! chaque homme est comme une ville fortifiée. Il est entouré d'une ligne de défense [2] que personne ne doit franchir; celui qui la franchit peut être repoussé par la force.

Ainsi mes actions doivent pour ainsi dire s'arrêter devant votre vie, devant votre liberté, devant vos biens, devant votre réputation; vos actions doivent s'arrêter devant ma vie, devant ma liberté, devant mes biens, devant ma réputation. Cette ligne de défense qui entoure chaque homme et le protège, c'est l'ensemble de ses droits.

A quoi cela tient-il? — Vous pourrez aisément répondre à cette question, si vous avez bien compris les précédents chapitres. Cela tient à ce que la personne humaine est respectable, et qu'étant respectable, elle doit pouvoir se faire respecter, quand on manque au respect qui lui est dû.

Ma vie est sacrée; vous l'attaquez, je me défends; — ma liberté est sacrée; vous l'attaquez, je la défends; — mes biens sont sacrés; vous les attaquez, je les défends; — mon honneur est sacré; vous l'attaquez, je le défends. Votre devoir était de respecter tout cela; vous y portez atteinte, je le fais respecter. Je repousse la violence par la force.

Mais dans une société civilisée, sauf le cas de légitime défense dont nous avons parlé dans un autre chapitre, on ne doit pas se faire justice [3] à soi-même, autrement ce serait une guerre perpétuelle entre les hommes, et puis on n'est jamais bon juge dans sa propre cause; on est porté à s'exagérer le tort qu'on a subi et à en demander une réparation trop forte. C'est à la société qu'il appartient de punir ceux qui violent les droits d'autrui; pour cela elle a des lois, des gendarmes, des juges et des prisons. Quand on nous a fait tort, allons trouver la police, déposons notre plainte contre les coupables, mais laissons aux tribunaux de notre pays le soin de les punir et d'ordonner la réparation du tort qui nous a été fait.

RÉSUMÉ.

Il y a en chaque homme quelque chose qui doit arrêter les actions d'autrui : c'est le droit. Le droit des personnes vient de ce qu'elles sont respectables. Ne vous faites jamais justice a vous-mêmes.

EXERCICES.

1. Montrez que chaque homme est protégé par son droit contre les actions d'autrui.
2. Le droit des personnes peut-il être violé? Montrez qu'on peut repousser par la force la violence faite au droit.
3. Pourquoi, dans une société civilisée, ne peut-on pas se faire justice à soi-même?

1. *Réciproquement*, en échange, à leur tour.
2. *Ligne de défense*, se dit, au propre, de l'ensemble des fortifica-tions d'une ville.
3. *Se faire justice*, tirer soi-même réparation des torts qu'on a subis.

CHAPITRE XII.

LES DEVOIRS DE BIENFAISANCE.

M. Dupré, le riche entrepreneur [1] de travaux publics, sentant sa fin prochaine, fit venir ses enfants et ses petits-enfants.

« Mes enfants, leur dit-il, le moment où il me faudra rendre mes comptes définitifs approche; je n'ai pas voulu partir sans vous avoir fait ma confession.

» Vous connaissez ma vie; vous savez que parti de rien je suis devenu riche. Mon père et ma mère étaient pauvres, et ne pouvaient rien pour moi. Je me suis tiré d'affaire tout seul, à force d'énergie et de travail. J'ai commencé par servir les maçons, puis je suis devenu ouvrier maçon, puis appareilleur[2], puis j'ai risqué les économies faites sur mon salaire dans des entreprises qui ont réussi; peu à peu, grâce à mes bénéfices, j'ai pu doubler, tripler mes entreprises, et je me suis enrichi. La fortune que je vous laisserai a été bien gagnée et légitimement acquise. J'ai beau fouiller dans mon passé, je ne me souviens pas d'avoir jamais manqué à un engagement ni d'avoir jamais fait tort à personne.

» Pourtant, à la veille de finir ma vie, je sens un trouble dans ma conscience : je n'ai pas fait de mal, mais je n'ai pas fait de bien.

» Mes commencements ont été durs. M'avaient-ils endurci? C'est possible. Toujours est-il qu'en dehors de ma famille je n'ai aimé personne, je n'ai fait de bien à personne. La bienfaisance, la générosité, la compassion pour la misère d'autrui, le dévouement, m'avaient toujours semblé une duperie[3]. Je voulais être honnête homme, et je l'ai été; mais je n'ai jamais cédé aux autres rien de mes droits[4]; je ne me suis privé de rien pour eux; je ne leur ai rien donné de moi-même.

» Il y a six mois, comme je revenais la nuit à la maison, mon cheval s'emporta et me jeta sur la route. Je me fis une blessure à la tête et perdis beaucoup de sang. Trop affaibli pour me relever et marcher, j'appelai au secours, moi qui dans ma vie n'ai secouru personne !

» J'étais justement dans le voisinage de Bastien, un de mes ouvriers que j'avais renvoyé du chantier[5] parce qu'il devenait vieux, et dont j'avais fait condamner la femme, l'hiver précédent, pour avoir coupé quelques fagots dans mon bois.

» A mes cris, Bastien et sa femme accoururent.

» — Tiens, dit l'homme, c'est M. Dupré! Le voilà en bel état! Qu'il crève sur la route! Il a toujours été dur pour le pauvre monde.

— C'est vrai, répondit la femme, mais il est blessé; ayons pitié de lui!

— Puisque tu le veux....

» Et tous les deux, ils m'aidèrent à me soulever de terre et à gagner leur logis, où la femme lava et pansa ma blessure.

» Cette nuit-là, mes enfants, j'ai compris tout à coup que moi, l'honnête homme, je n'avais pas été un homme de bien, et comme j'ai senti que Bastien et sa femme valaient mieux que moi!

» Il est trop tard pour recommencer ma vie, mais du moins je puis faire après ma mort une partie du bien que j'aurais dû faire pendant ma vie.

» Je lègue [6] à Bastien et à sa femme une rente viagère de 600 francs; je lègue à ma ville natale une somme de 200,000 francs pour construire une maison de secours destinée aux ouvriers blessés ou infirmes.

» C'est pour le bien que je n'ai pas fait. »

RÉSUMÉ.

ON PEUT ÊTRE HONNÊTE HOMME SANS ÊTRE UN HOMME DE BIEN. ÊTRE HONNÊTE HOMME, C'EST NE PAS PORTER ATTEINTE AUX DROITS D'AUTRUI; ÊTRE UN HOMME DE BIEN, C'EST FAIRE DU BIEN A SES SEMBLABLES.

EXERCICES.

1. Est-ce la même chose d'être honnête homme et d'être un homme de bien? Quelle est la différence?

2 Montrez qu'on peut respecter les droits de ses semblables sans leur faire du bien. Citez des exemples.

3. Montrez comment on peut réparer le bien qu'on n'a pas fait.

1. *Entrepreneur*, celui qui entreprend d'exécuter certains travaux.
2. *Appareilleur*, chef ouvrier qui trace la coupe des pierres à ceux qui doivent les tailler.
3. *Duperie*, ce qui fait qu'on est joué, trompé.

4. *Droits*: ici, ce qu'on tient des lois.
5. *Chantier*, emplacement où l'on travaille le bois ou la pierre.
6. *Léguer*, donner par testament.

CHAPITRE XIII.

LES DEVOIRS DE BIENFAISANCE (*suite*).

La stricte justice, en effet, n'est pas tout en ce monde. Être juste, c'est ne pas porter atteinte aux droits de la personne humaine. Mais la personne humaine est un être tenu d'accomplir ses devoirs, un être qui travaille, qui peine [1] et qui souffre. Devons-nous être indifférents [2] à ses efforts et à ses maux? Pour le savoir, interrogez votre conscience. Voici ce qu'elle vous répondra :

« Tu es une personne. Ton devoir est de traiter les autres personnes comme tu voudrais être traité toi-même. Tu ne voudrais pas qu'on te fît du mal; ne fais pas de mal aux autres; — mais tu voudrais aussi qu'on te fît du bien; fais du bien aux autres. »

Ainsi aux devoirs de **justice** s'ajoutent les devoirs de **bienfaisance**. Être juste, c'est ne pas faire de mal; être bienfaisant, c'est faire du bien. — Il importe de vous montrer nettement en quoi la justice et la bienfaisance diffèrent l'une de l'autre.

En premier lieu, nous sommes toujours en présence des droits qu'il nous faut respecter, de la vie, des biens, de la réputation de nos semblables. Nous n'avons pas toujours autour de nous des maux à soulager, des infortunes à secourir.

Les actes de justice se ressemblent toujours; il n'y a qu'une façon de respecter les droits d'autrui, c'est de ne pas faire ce qui pourrait y porter atteinte. Les actes de bienfaisance sont aussi variés que les circonstances qui les provoquent : c'est tantôt une parole d'encouragement ou de consolation, tantôt un bon conseil, tantôt une démarche faite à propos, tantôt un secours en argent, tantôt une main tendue, tantôt un sacrifice, parfois même celui de la vie.

Les actes de justice ne se modifient pas suivant les

hommes : une vie humaine est toujours une vie, qu'elle soit celle d'un patron ou d'un ouvrier ; le bien d'autrui est toujours le bien d'autrui, que ce soit le chien d'un aveugle ou la bourse d'un riche. Les actes de bienfaisance varient au contraire suivant les besoins de ceux à qui l'on vient en aide, et suivant nos forces, nos ressources et nos moyens. Si le lieutenant Louaut, dont je vous ai raconté l'histoire dans un autre chapitre, n'avait pas su nager, sa conscience ne lui aurait pas dit de se jeter à l'eau pour sauver le marinier qui se noyait. Si je suis plus riche que vous, mes aumônes devront être plus abondantes que les vôtres, mais je ne devrai pas en faire une part égale entre tous les pauvres, car il en est de plus malheureux les uns que les autres.

Par suite de tout ceci, les devoirs de justice peuvent être énoncés avec autant de précision qu'un problème d'arithmétique : soyez toujours respectueux des droits d'autrui ; — il n'en est pas de même des devoirs de bienfaisance ; il faut se borner à dire d'une manière générale : l'homme doit toujours venir en aide à l'homme dans la limite de ses moyens et de ses forces.

Vous comprenez maintenant, j'espère, la grandeur de la bienfaisance. Être juste, c'est simplement ne rien prendre à autrui, et lui donner ce qui lui est dû. Être bienfaisant, c'est donner volontairement du sien.

Il est impossible d'énumérer ici toutes les façons d'être bienfaisant, puisqu'elles varient suivant les circonstances : c'est aimer ses semblables, les traiter avec douceur et bonté, leur porter secours quand ils sont en danger, les défendre contre la calomnie et la médisance, soulager leurs souffrances, contribuer [3] à leur bonheur. D'une façon générale, pour savoir exactement ce que nous devons faire aux autres dans une circonstance donnée, demandons-nous comment nous voudrions être traités dans la même circonstance.

RÉSUMÉ.

NE SOYEZ PAS SEULEMENT HONNÊTES ; SOYEZ BIENFAISANTS. LA BIENFAISANCE EST AUSSI OBLIGATOIRE QUE LA

JUSTICE ; ELLE CONSISTE A TRAITER LES AUTRES COMME NOUS VOUDRIONS ÊTRE TRAITÉS NOUS-MÊMES DANS LES MÊMES CIRCONSTANCES.

EXERCICES.

1. Outre la justice, notre conscience ne nous commande-t-elle pas la bienfaisance ? Qu'est-ce qu'être bienfaisant ?

2. En quoi la bienfaisance diffère-t-elle de la justice ?

3. Montrez par des exemples comment les actes de bienfaisance varient suivant les personnes qui en sont l'objet et suivant celles qui les accomplissent.

4. Quel est, d'une manière générale, l'énoncé des devoirs de bienfaisance ? Quel est le meilleur moyen de savoir exactement ce que nous devons faire dans une circonstance donnée ?

1. *Peiner*, éprouver de la fatigue.
2. *Indifférent à*, qui n'est pas touché de.

3. *Contribuer*, avoir part à une chose.

CHAPITRE XIV.

LE DÉVOUEMENT ET LA FRATERNITÉ.

Aimer ses semblables, leur faire du bien, les traiter comme des frères, voilà la **fraternité**. Les devoirs de fraternité sont les plus beaux et les plus méritoires de tous. La raison en est simple. Pour ne pas porter atteinte à la vie, à la liberté, à la propriété et à l'honneur d'autrui, il suffit de rester bras croisés et bouche close. Au contraire, pour traiter ses semblables en frères, il faut agir, payer de sa personne, donner du sien, et parfois se donner soi-même.

Pour l'honneur de l'espèce humaine, le dévouement n'est pas rare.

« Ceux qui écriront l'histoire de notre temps ne devront point oublier, s'ils veulent être justes, le grand exemple qui a été donné au Havre, dans la journée du 26 mars 1882. La mer était furieuse, un sloop [1] de pêche désemparé [2] faisait des signaux de détresse à un mille du port. Le directeur du

sauvetage [3] s'approcha du patron [4] Lecroisey, dont le bateau
était armé [5], et lui demanda s'il pouvait partir. Sans hésiter,
Lecroisey donna à ses dix compagnons l'ordre du départ.
Pendant deux heures, on vit ces onze hommes lutter contre
les vagues, s'approcher du sloop en détresse et guetter le
moment d'en recueillir l'équipage. Puis, tout à coup, la tem-
pête emporta le sloop dans la direction de Honfleur. Achar-
nés à leur œuvre de salut, les intrépides marins se dirigèrent
du même côté. Hisser [6] la voile dans les conditions où ils se
trouvaient, mettre l'embarcation en travers à la lame [7], c'é-
tait risquer leur vie à tous ; mais, comme on l'a dit sur leurs
tombes, il y avait là près d'eux six hommes à sauver, dont
les regards étaient tournés vers eux. Ils ne purent résister à cet appel et tentèrent un suprême effort. Quelques
minutes après, un paquet de mer [8] avait déchiré leur voile
et fait chavirer [9] leur bateau. Quelques têtes humaines
apparurent un instant au milieu des vagues, puis la mer
se referma sur ses victimes. Les onze marins du Havre
avaient vécu.

» Il y a dans ce drame pathétique [10] un épilogue [11] auquel
on ne fait pas assez attention. Notre pensée se porte naturellement vers ceux qui ont péri. Mais derrière eux, au
moment même où leur embarcation venait de sombrer [12], un
nouveau canot prenait la mer, s'exposant aux mêmes dangers, affrontant les mêmes chances de mort. Et il en est toujours ainsi dans ce noble pays de France. Partout où des
victimes vont succomber, dans les mines, dans les puits,
dans les incendies, les dévouements sont prêts ; on se dispute
l'honneur de les sauver ou de mourir avec elles. »

Tous les dévouements ne sont pas éclatants comme celui
de Lecroisey et de ses compagnons. Il en est de modestes et
de touchants, comme celui de Léonie Breuil :

« Léonie Breuil, infirme depuis l'âge de huit ans, reste
tout le jour assise dans un fauteuil. Son père et sa mère
étaient concierges à Paris, dans la rue Notre-Dame-des-
Champs. Sa mère meurt, son père devient aveugle. Elle
renonce à entrer dans une maison de secours pour garder
son père, elle recueille une sœur malade et une nièce sans

ressources. Elle fait vivre tout le monde en passant ses jours et une partie de ses nuits à piquer des bottines. Sa résignation, la douceur de son caractère sont admirées de tous ceux qui la connaissent. Non seulement elle ne se plaint point, mais la satisfaction du devoir accompli donne à son visage un air de sérénité. Cette infirme, qui aurait tant besoin elle-même d'être soignée, oublie son mal en soignant les autres. »

(MÉZIÈRES, *Discours sur les prix de vertu*, 1882).

RÉSUMÉ.

TRAITEZ VOS SEMBLABLES COMME DES FRÈRES ; SACHEZ VOUS DÉVOUER POUR EUX.

EXERCICES.

1. Montrez par des exemples que la bienfaisance va parfois jusqu'au dévouement et au sacrifice.
2. Qu'est-ce que la fraternité?
3. Montrez par des exemples que nous trouvons dans la plupart des circonstances de la vie, des occasions de nous dévouer.

1. *Sloop*, petit bâtiment à un mât.
2. *Désemparé*, qui a perdu mâts et agrès et est hors d'état de servir.
3. *Sauvetage*, service destiné à porter secours aux embarcations en danger.
4. *Patron* : ici chef d'une embarcation.
5. *Armé* : ici prêt à prendre la mer, muni de tous ses appareils.
6. *Hisser*, élever.
7. *Lame*, vague.
8. *Paquet de mer*, vague plus haute que les autres.
9. *Chavirer*, être tourné sans dessus-dessous.
10. *Pathétique*, émouvant.
11. *Épilogue*, sorte de résumé placé à la fin d'un ouvrage littéraire ; est pris ici au figuré.
12. *Sombrer*, se renverser.

CHAPITRE XV.

COMMENT NOUS DEVONS TRAITER LES ANIMAUX.

Avons-nous des devoirs envers les animaux ? — Si nous en avons, il faut convenir [1] tout d'abord qu'ils ne ressemblent pas à nos devoirs envers les hommes. — Nous ne respectons pas la vie des animaux. Quand nous rencontrons une bête dangereuse ou malfaisante, nous la tuons, et nous faisons bien. De même nous tuons toutes sortes d'animaux pour en manger la viande : les poissons, les moutons, les bœufs, les veaux, les cochons, la volaille et le gibier. Nous ne nous faisons pas davantage un crime d'avoir à l'écurie et à l'étable des bêtes de somme, des bêtes de trait et des bêtes de selle : bœufs, chevaux, ânes et mulets, et de leur faire labourer nos champs, traîner nos voitures, porter nos fardeaux et nous porter nous-mêmes. Nous ne nous faisons pas non plus un crime de nous emparer de ce qu'ils produisent : nous prenons leur lait aux vaches, aux brebis et aux chèvres, leurs œufs aux poules, leur laine aux moutons. Tout cela nous avons le droit de le faire ; nous avons le droit de nous protéger contre les animaux nuisibles et de nous servir des animaux utiles. Autrement que deviendrions-nous ? Il nous serait impossible de vivre.

Vous comprenez pourquoi nous ne sommes pas obligés de traiter les animaux de la même façon que les hommes ; les hommes sont des personnes, les animaux ne sont pas des personnes, ils n'ont pas de liberté, ils n'ont pas de devoirs à remplir ; par suite ils n'ont pas de droits.

Mais s'ils n'ont pas comme vous une liberté raisonnable, ils ont comme vous une sensibilité ; ils éprouvent des plaisirs et des douleurs. Dès lors, n'est-ce pas une cruauté coupable que de leur infliger des douleurs inutiles et de leur faire subir des mauvais traitements ? — Attelez votre cheval, mais ne chargez pas la voiture au-delà de ses forces ; excitez son ardeur, mais ne le rouez[2] pas de coups.

Les enfants se figurent volontiers que les animaux ont été créés et mis au monde pour être leurs souffre-douleurs ; cet âge est sans pitié ! a dit La Fontaine. — Eh bien ! mes enfants, il faut faire mentir le fabuliste. Ayez pitié et douceur pour tout ce qui vit et respire. Faites la guerre aux animaux nuisibles et malfaisants ; mais ne prenez pas plaisir à torturer[3] les autres ; ce serait de la cruauté ; en particulier, laissez les nids à leur place, et les œufs et les petits oiseaux dans les nids.

RÉSUMÉ.

IL NOUS EST PERMIS DE NOUS SERVIR DES ANIMAUX POUR NOS BESOINS ; MAIS NOUS NE DEVONS PAS LES MALTRAITER ET LEUR INFLIGER DES DOULEURS INUTILES.

EXTRAIT DES LOIS FRANÇAISES. — *Seront punis d'une amende de cinq à quinze francs, et pourront l'être d'un à cinq jours de prison, ceux qui auro t exercé publiquement et abusivement de mauvais traitements envers les animaux domestiques.* (Loi Grammont.)

EXERCICES.

1. En quel sens serait-il faux de soutenir que nous avons des devoirs envers les animaux ?

2. Montrez quels usages l'homme peut faire des animaux.

3. En quel sens avons-nous des devoirs envers les animaux, et en quoi consistent ces devoirs ?

1. *Convenir,* tomber d'accord.

2. *Rouer,* au propre, faire subir le supplice de la roue ; ici, briser de coups.

3. *Torturer,* tourmenter.

LIVRE V

LA PATRIE

CHAPITRE 1er.

CE QU'EST LA PATRIE.

L'homme nait dans une **nation** comme il nait dans une famille ; il a une **patrie** comme il a un père et une mère.

Qu'est-ce que la patrie ? — Le nom l'indique, c'est le **pays des aïeux**, c'est **la terre** que nous ont léguée nos pères.

Le **sol national** est-il la patrie tout entière ? — Sans doute il n'y a pas de patrie sans un territoire. La patrie polonaise fut détruite le jour où la Prusse, l'Autriche et la Russie se partagèrent la Pologne. Mais des hommes d'origine [1] différente peuvent être réunis sur le même sol sans former pour cela une nation, sans être citoyens d'une même patrie. La Californie [2] est peuplée de Chinois, de Français, d'Anglais, et d'Allemands ; ils vivent ensemble sur un même sol ; mais ils restent Chinois, Anglais, Allemands et Français ; leur rapprochement entre les mêmes frontières ne fait pas d'eux une nation ; la Californie est le pays où ils vivent ; ce n'est pas leur patrie. — Il n'y a pas de patrie sans un sol national, mais la patrie est faite d'autre chose encore.

Cette autre chose, est-ce la **communauté de la race** [3] ? — Sans doute la plupart des citoyens d'une même patrie sont des hommes de même race. Pourtant si l'unité de race était la condition de l'existence de la patrie, la patrie française n'aurait jamais existé. Ne s'est-elle pas formée, en effet, de peuples d'origines différentes, des Celtes [4], des Romains et des Francs, les uns nés sur le sol de la vieille Gaule, les autres venus d'ailleurs avec l'invasion et la conquête? Et sans remonter si loin, ne s'est-elle pas accrue, au dix-septième siècle, de populations de race germanique [5]? Pourtant, qui oserait dire que les Alsaciens n'ont pas été de vrais Français? Ils répondraient qu'ils le sont encore, bien qu'en 1871 ils aient été réunis, malgré eux [6], à des peuples d'origine germanique.

Le lien qui unit entre des frontières communes les citoyens d'une même patrie serait-il la **communauté de la langue**? — On l'a soutenu, mais sans plus de vérité. Autrefois on ne parlait pas partout la même langue dans la patrie française ; au nord de la Loire, c'était la langue d'Oil [7] ; au sud, la langue d'Oc ; naguère encore, des Vosges au Rhin, des Français bien Français parlaient allemand, et dans beaucoup de départements, a persisté l'usage de patois bien différents de la langue française. Est-ce un obstacle à l'unité de notre patrie?

La patrie est quelque chose de moral et de matériel à la fois ; c'est **sur le sol national une association d'hommes, unis par un certain nombre de sentiments et de désirs communs.** Cette solidarité [8] a des causes dans le présent et dans le passé.

Dans le présent, c'est le « consentement actuel, le désir de vivre ensemble, la volonté de continuer à faire valoir [9] l'héritage qu'on a reçu indivis [10], » et de réaliser un même programme en vue de l'avenir.

Dans le passé, c'est l'histoire des ancêtres : leurs souvenirs, leurs grands hommes, leurs efforts, leurs luttes, leurs triomphes, et aussi leurs revers. « Un passé héroïque, des grands hommes, de la gloire, voilà le capital social [11] sur lequel on assied [12] une idée nationale... Avoir souffert, joui, espéré ensemble, voilà ce qui vaut mieux que des douanes [13] et des frontières ; voilà ce que l'on comprend, malgré les di-

versités de race et de langue... Avoir souffert ensemble !
Oui, la souffrance en commun unit plus que la joie. En fait
de souvenirs nationaux, les deuils valent mieux que les
triomphes, car ils imposent des devoirs, ils commandent l'effort en commun. » (Ernest RENAN.)

Voilà ce qui unit en un grand corps les membres d'une
patrie et en fait des citoyens. Si ces liens venaient à se relâ-
cher, l'idée de patrie s'affaiblirait, les sentiments qui la sou-
tiennent feraient place aux intérêts, et au lieu de la patrie,
nous n'aurions plus qu'une sorte d'association industrielle
et commerciale d'hommes exploitant en commun le même
territoire.

RÉSUMÉ.

TOUT HOMME A UNE PATRIE. LA PATRIE EST LA TERRE
DES PÈRES ; MAIS ELLE EST AVEC CELA UNE ASSOCIATION
D'HOMMES UNIS ENSEMBLE, NON PAR LA COMMUNAUTÉ DE LA
RACE ET DU LANGAGE, MAIS PAR LA COMMUNAUTÉ DE CER-
TAINS SENTIMENTS, DE CERTAINES IDÉES, ET DE CERTAINES
VOLONTÉS. CETTE COMMUNAUTÉ, MAINTENUE DANS LE PRÉ-
SENT, EN VUE DE L'AVENIR, PAR LE CONSENTEMENT DES
CITOYENS, A SES RACINES DANS LE PASSÉ, C'EST-A-DIRE
DANS L'HISTOIRE DE LA NATION.

EXERCICES.

1. Que signifie le mot patrie ?
2. Montrez qu'il n'y a pas de patrie sans un sol national.
3. Le territoire est-il la patrie tout entière ?
4. Qu'est-ce qui s'ajoute au territoire pour former la Patrie ? —
Est-ce la communauté de la race ?
5. Est-ce la communauté de la langue ?
6. Qu'est-ce qui unit en une même nation les citoyens d'une même
patrie ?
7. Faites voir que cette union a des causes dans le passé et dans le
présent. Quelles sont ces causes ?

1. *Origine*, extraction, point de départ.
2. *Californie*, région de l'Amérique du Nord.
3. *Race*, tous ceux qui viennent de la même famille.
4. *Celtes*, peuple ancien qui vivait sur le sol de la Gaule.
5. *Germanique*, allemande.
6. *Oïl, Oc*, vieux mots qui signi-fiaient oui, l'un au Nord, l'autre au Sud de la Loire.

7. *Solidarité*, relations mutuelles de plusieurs choses.
8. *Faire valoir*, cultiver.
9. *Indivis*, non divisé, non partagé.
10. *Capital social*, l'argent mis en commun par une société de com-merce pour fonder et soutenir une entreprise.
11. *Asseoir* : ici, faire reposer sur.
12. *Douanes*, taxes établies sur les marchandises à l'entrée et à la sortie d'un État.

CHAPITRE II.

LE PATRIOTISME.

Écoutez cette admirable leçon de patriotisme donnée par un grand patriote [1] :

« La France, depuis la Réforme, a été, tour à tour, pour tous les peuples de l'Europe, le guide, l'initiateur [2] et le martyr [3]. C'est de son sang, de son dévouement, de ses sacrifices et de ses servitudes qu'ont été faites la gloire, l'émancipation [4] et la liberté des autres peuples.

» Eh bien, il faut réfléchir quand on parle du patriotisme de la France. La France, vous avez eu raison de le dire, sera d'autant plus attrayante qu'elle ne sera régie que par la loi, qu'elle sera aux mains de tous les citoyens, et non plus aux mains et soumise aux caprices d'un seul.

» Ah ! oui, la France glorieuse et replacée sous l'égide [5] de la République, à la tête du monde, groupant sous ses ailes tous ses enfants désormais unis pour la défendre au nom d'un seul principe et présentant au monde des légions d'artistes, d'ouvriers, de bourgeois et de paysans ; ah ! oui, il est bon de faire partie d'une France pareille, et il n'est pas un homme qui, alors, ne se glorifiât de dire à son tour : Je suis citoyen français !

» Mais il n'y a pas que cette France, que cette France glorieuse, que cette France révolutionnaire, que cette France émancipatrice et initiatrice du genre humain, que cette France d'une activité merveilleuse et, comme on l'a dit, cette France nourrie des idées générales du monde ; il y a une autre France que je n'aime pas moins, une autre France qui m'est encore plus chère, c'est la France misérable, c'est la France vaincue et humiliée, c'est la France qui est accablée, c'est la France qui traîne son boulet [6] depuis quatorze siècles, la France qui crie, suppliante vers la justice et vers la liberté, la France que les despotes poussent constamment sur les champs de bataille, sous prétexte de liberté, pour lui faire verser son sang par toutes les artères et par toutes les veines [7] ; la France que, dans sa défaite, on calomnie, que l'on outrage ; oh ! cette France-là, je l'aime comme on aime une mère ; c'est à celle-là qu'il faut faire le sacrifice de sa vie, de son amour-propre et de ses jouissances égoïstes : c'est de celle-là qu'il faut dire : Là où est la France, là est la patrie ! »

(LÉON GAMBETTA, Discours prononcé en Savoie,
le 29 septembre 1872.)

RÉSUMÉ.

AIMEZ VOTRE PATRIE DE TOUTE VOTRE AME, DE TOUTES VOS FORCES. AIMEZ-LA NON PAS SEULEMENT QUAND ELLE EST TRIOMPHANTE, MAIS SURTOUT QUAND ELLE EST SOUFFRANTE.

EXERCICES.

1. Qu'est-ce que le patriotisme?
2. Montrez qu'on ne doit pas aimer seulement sa patrie pour sa gloire et sa grandeur, mais aussi pour ses malheurs.
3. Citez, d'après vos souvenirs, des exemples de patriotisme.

1. *Patriote*, qui aime la patrie.
2. *Initiateur*, celui qui commence.
3. *Martyr*, celui qui souffre pour soutenir ses croyances.
4. *Emancipation*, passage de la servitude à la liberté.
5. *Egide*, signifiait bouclier; se prend au figuré : protection.

6. *Traîner son boulet*, autrefois on attachait aux pieds des galériens un boulet, qu'ils traînaient ; ici est pris au figuré: être dans une condition misérable, comparable à celle du galérien qui traîne son boulet.
7. *Artères*, *Veines*, canaux dans lesquels circule le sang.

CHAPITRE III.

LE RESPECT DES LOIS.

Tous les citoyens d'une même patrie sont régis par des lois communes. Le premier devoir du citoyen envers sa patrie, celui d'où découlent tous les autres, c'est d'obéir aux lois de son pays et de respecter les autorités chargées de les appliquer.

— Mais si les lois sont mauvaises et injustes.

— Obéissez quand même. — Les lois sont l'œuvre des hommes ; les hommes ne sont pas infaillibles [1] ; aussi leurs œuvres ne sont-elles pas parfaites. Il y a eu, il y a encore, il y aura toujours probablement des lois mauvaises. Tout citoyen a le droit d'apprécier les lois de son pays ; il a même le devoir d'en signaler les imperfections, et de demander qu'on les change. Mais tant qu'elles n'ont pas été changées, elles sont la loi, et il faut leur obéir.

Se refuser d'obéir aux lois sous prétexte qu'elles sont mauvaises, c'est commettre une injustice, car c'est refuser à l'État ce qu'on lui doit ; obéir à une loi mauvaise et injuste c'est subir une injustice. Il vaut mieux subir une injustice que la commettre. Et puis, si vous vous croyez en droit de refuser obéissance à telle ou telle loi, votre voisin sera aussi en droit de désobéir à telle et telle autre. Aucune loi ne sera plus respectée ; ce sera l'anarchie [2] dans la société, la ruine de la patrie.

Un sage de l'antiquité, l'Athénien Socrate [3], nous a donné, il y a plus de deux mille ans, un exemple immortel du respect dû aux lois. Socrate était le plus honnête homme de son temps ; il fut pourtant accusé devant les tribunaux de son pays de corrompre la jeunesse, et il fut condamné à mort. Ses amis qui savaient combien cette condamnation était inique [4] voulurent le faire fuir de prison et le soustraire à une mort imméritée. Socrate refusa ; il voulut subir la peine qu'on lui infligeait injustement au nom des lois de son pays.

« Quand nous serions au moment de fuir, leur dit-il, si les lois de la République venaient à se dresser devant nous et à nous dire : Socrate, que vas-tu faire ? Ton entreprise va ruiner autant qu'il est en ton pouvoir les lois de la République. Crois-tu qu'un État puisse subsister quand les jugements y sont foulés aux pieds [5] et méprisés par les particuliers ? Qu'as-tu donc à nous reprocher ? Et d'abord n'est-ce pas à nous que tu dois la vie ? N'est-ce pas sous notre protection que ton père a épousé celle qui t'a mis au monde ? N'est-ce pas nous qui avons présidé à ton éducation ? Alors, pourquoi vouloir nous perdre ? Pourquoi nous faire ce que tu ne ferais pas à un père, à une mère ? Ignores-tu donc que la patrie est digne de plus de respect et de vénération qu'un père, qu'une mère et que tous les parents ensemble ? Qu'il faut honorer sa patrie, lui obéir et lui céder quand elle est irritée ? Si elle veut que tu sois battu de verges et chargé de chaines, si elle veut que tu ailles à la guerre pour y verser tout ton sang, il faut partir sans balancer [6], car c'est là ton devoir, et l'on ne doit ni désobéir, ni quitter son poste ; mais à l'armée, devant les juges et partout, il faut obéir aux ordres de la patrie. Rends-toi donc à nos raisons ; suis les conseils de celles qui t'ont nourri et élevé ; aie moins souci de tes enfants et de ta vie que de la justice ; meurs puisque nous t'avons ordonné de mourir. Si tu meurs, tu mourras victime de l'injustice des hommes et non de celle des lois ; si au contraire tu sors honteusement d'ici, en fugitif, repoussant l'injustice par l'injustice, le mal par le mal, tu manqueras au traité qui t'engage envers nous ; tu nuiras à toi-même, à tes concitoyens, à tes amis, à ta patrie. »

Gravez ce langage au plus profond de vos mémoires, et si jamais vous vous croyez mal traités par les lois de la France et si vous êtes tenté de les violer, enfants, souvenez-vous de Socrate.

RÉSUMÉ.

OBÉISSEZ TOUJOURS AUX LOIS DE VOTRE PAYS, MÊME

QUAND ELLES VOUS PARAITRAIENT INJUSTES. Tant qu'une
loi est la loi, il faut la respecter.

EXERCICES.

1. Montrez qu'un citoyen doit obéir aux lois de son pays.
2. Peut-on, pour justifier la désobéissance aux lois, prétendre qu'elles
sont injustes?
3. Racontez le langage tenu par Socrate à ceux qui l'engageaient à
se soustraire au châtiment immérité dont il avait été frappé au nom des
lois de son pays.

1. *Infaillible*, qui ne se trompe pas.
2. *Anarchie*, désordre.
3. *Socrate*, philosophe grec, qui vivait au IVe siècle avant J.-C.
4. *Inique*, injuste.
5. *Foulé aux pieds*, ici au figuré : méprisé.
6. *Balancer*, hésiter.

CHAPITRE IV.

LA DÉFENSE DE LA PATRIE.

Si vous avez compris ce que c'est que la patrie, vous devez
voir clairement que tout citoyen est intéressé à son existence
et à son intégrité[1]. Aussi, tout citoyen, en âge et en état de
porter les armes, est-il strictement obligé de concourir à sa
défense, lorsqu'elle est attaquée.

La guerre est une chose abominable; on ne saurait le dire
trop haut. Mais elle est parfois chose nécessaire. Alors, elle
nous impose le plus sacré des devoirs. Plût au ciel que les
nations eussent assez de bon sens pour régler leurs querelles,
comme font les particuliers, en recourant à un tribunal dont
les sentences[2] seraient docilement acceptées et scrupuleusement observées. Mais ce beau rêve ne semble pas près
d'être réalisé. Même quand ils sont en paix, les peuples se
tiennent en armes, les uns prêts à attaquer, les autres
prêts à se défendre. Sachons donc accepter virilement,
vaillamment, les lourds devoirs que nous impose la défense
de la patrie.

Sans remonter aux temps héroïques[3] de notre histoire,

souvenez-vous, enfants, de 1870, l'année terrible. La France, vaincue par l'Allemagne, a subi les conditions du vainqueur ; il lui a fallu se laisser arracher deux de ses plus belles provinces, l'Alsace et la Lorraine, perdre une partie de son territoire, et, ce qui est pire encore, perdre une· partie de ses citoyens, qui ne demandaient qu'à rester Français. Tels sont les effets de la défaite : elle amoindrit le territoire national ; elle force des citoyens à sortir malgré eux de cette solidarité qui est la patrie, et à subir des lois qu'ils ne veulent pas. Est-il un Français qui ne soit pas ému à ce souvenir ? En est-il un qui ne se dise pas : si la France est un jour de nouveau menacée, je ferai mon devoir ; je la défendrai jusqu'à la dernière goutte de mon sang, s'il le faut.

> Ceux qui pieusement sont morts pour la patrie
> Ont droit qu'à leur cercueil la foule vienne et prie.
> Entre les plus beaux noms leur nom est le plus beau ;
> Toute gloire près d'eux passe et tombe éphémère ;
>   Et, comme ferait une mère
> La voix d'un peuple entier les berce en leur tombeau.
>   Gloire à notre France éternelle !
>   Gloire à ceux qui sont morts pour elle !
>
>   Victor HUGO.

Pauvre et chère France, vaincue et mutilée[4] ! L'héroïsme de tes fils n'a pu t'épargner de cruelles blessures ; mais il t'a du moins sauvé **l'honneur**, et il apprend à ces enfants, que nous élevons pour toi, **qu'il faut aimer sa patrie jusqu'à mourir pour elle !**

Pendant la guerre de 1870, les Prussiens s'avançaient vers le village de Pasly. L'instituteur communal, Jules Desbordeaux, réunit aussitôt les hommes valides du village et se mit à leur tête pour repousser l'ennemi. Vains efforts ! Les Prussiens étaient trop nombreux pour cette poignée de braves. Une fois maîtres du village, ils allèrent droit à l'école ; arrêtèrent l'instituteur et le fusillèrent.

Parmi les Français tués à la bataille de Montretout se trouva le vieux marquis de Coriolis. Il avait soixante ans passés ; il ne s'était pas moins engagé comme simple soldat pour défendre la patrie envahie.

Parmi ceux qui périrent à la bataille de Buzenval était Henri Regnault. Regnault était un peintre de génie[5] ; il était jeune, riche, heureux, déjà célèbre ; il était dispensé du service militaire. Mais, à la première nouvelle de l'invasion, il avait pris place parmi les défenseurs de la France.

Honneur à Jules Desbordeaux ! Honneur au marquis de Coriolis ! Honneur à Henri Regnault ! Honneur à tous ceux qui sont morts pour la France ! Vive la France !

RÉSUMÉ.

Tout citoyen doit défendre sa patrie quand elle est menacée.

Extrait des lois françaises. — *Tout Français qui aura porté les armes contre la France sera puni de mort. — Tout Français qui aura entretenu des intelligences avec les puissances étrangères sera puni de mort.* (Code pénal.)

Le service militaire est obligatoire pour tous les Français, sauf certaines dispenses prévues par la loi.

EXERCICES.

1. Montrez que c'est pour tout citoyen un devoir absolu de défendre la patrie quand elle est menacée.
2. Quelles sont pour une nation les conséquences de la défaite ? Citez des exemples.
3. Montrez par des exemples que tous les peuples ont honoré les citoyens morts pour la patrie.
4. Connaissez-vous des exemples de Français morts pour la France ?

1. *Intégrité*, état d'une chose qui est entière.
2. *Sentence*, décision.
3. *Temps héroïques*, temps où vivaient les anciens héros.
4. *Mutilé*, à qui on a coupé un membre.
5. *Génie*, talent hors ligne.

CHAPITRE V.

LE SERVICE MILITAIRE.

Ce n'est pas tout que de prendre un fusil quand la patrie est menacée et de marcher à l'ennemi. Pour défendre efficacement la patrie, il faut s'y être préparé par le service militaire. **Le service militaire est l'apprentissage du métier de soldat.**

Etre soldat, ce n'est pas simplement avoir uniforme, sabre et fusil. Etre soldat, c'est connaître le maniement des armes et les manœuvres militaires ; c'est savoir supporter les fatigues et les privations de toutes sortes, coucher sur la dure et à la belle étoile, faire des marches forcées [1], par le soleil et par la pluie, sac au dos, cartouches au flanc, franchir haies, fossés et rivières ; — être soldat, c'est avoir le sang-froid et la présence d'esprit ; c'est se sentir les coudes [2] avec les camarades ; c'est connaître ses chefs et avoir confiance en eux ; c'est savoir obéir à leurs ordres, car sans discipline pas d'armée.

Tout cela demande un long apprentissage. Aussi, quand la patrie vous appellera sous les drapeaux, et vous y retiendra pendant plusieurs années, obéissez avec entrain, et dites-vous : la vie du régiment fera de moi un bon soldat, c'est-à-dire **un défenseur utile de la France.**

Pour défendre utilement sa patrie sur les champs de bataille, le courage est nécessaire, mais il ne suffit pas. La guerre n'est pas une lutte corps à corps, homme contre homme. Les armées modernes sont formées de gros bataillons ; elles ont des canons et des fusils à longue portée ; aujourd'hui, on se bat rarement à l'arme blanche. Aussi la victoire n'est-elle pas toujours avec les soldats les plus courageux, les plus héroïques ; elle est du côté des troupes les plus nombreuses, les plus robustes, les mieux exercées, les mieux rompues [3] aux marches rapides, les plus patientes, les mieux disciplinées.

Nous l'avons bien vu en 1870. Le courage ne nous a pas fait défaut. Il ne manquait pas aux soldats improvisés [4] par le gouvernement de la Défense Nationale ; ce qui leur manquait, c'étaient ces qualités de cohésion [5], de forte discipline et de résistance que donne seul un long apprentissage du métier militaire. Comment auraient-ils pu venir à bout des armées prussiennes, qui, elles, avaient été préparées et formées de longue main ?

Que cela nous serve de leçon ! N'attendez pas d'être au régiment pour vous habituer à ce qui fait le bon soldat. Soldats, vous l'êtes déjà : on vous a mis en main des fusils ; on vous exerce au tir, on vous a formés en bataillon scolaire ; on vous a confié un drapeau ! Tout cela est sérieux, mes enfants. C'est la première préparation à la vie militaire qui vous attend tous. Le bataillon scolaire, c'est déjà le régiment.

RÉSUMÉ.

POUR DÉFENDRE UTILEMENT SA PATRIE, IL FAUT S'Y ÊTRE PRÉPARÉ PAR LE SERVICE MILITAIRE. LE SERVICE MILITAIRE FAIT LE BON SOLDAT ; SEUL LE BON SOLDAT PEUT DÉFENDRE UTILEMENT SA PATRIE.

EXERCICES.

1. Qu'est-ce que le service militaire ?
2. Est-il nécessaire ?
3. Énumérez les qualités du bon soldat.
4. Montrez que seul le bon soldat est un défenseur utile de la patrie.
5. Peut-on s'exercer dès l'école aux vertus du soldat ?
6. Est-ce le courage qui a manqué aux soldats français pendant la guerre de 1870 ? — Qu'est-ce qui leur a manqué ?

1. *Marche forcée*, marche plus rapide ou plus prolongée que la marche ordinaire.

2. *Se sentir les coudes*, au figuré : se connaître, avoir confiance les uns dans les autres.

3. *Rompu à*, très exercé à.

4. *Improvisé*, fait sans préparation.

5. *Cohésion*, union solide.

CHAPITRE VI.

LE DRAPEAU.

Le régiment était en bataille sur un talus de chemin de fer, et servait de cible[1] à toute l'armée prussienne massée en face, sous le bois. On se fusillait à quatre-vingts mètres. Les officiers criaient : « Couchez-vous !... » mais personne ne voulait obéir, et le fier régiment restait debout, groupé autour de son drapeau. Dans ce grand horizon de soleil couchant, de blés en épis, de pâturages, cette masse d'hommes, tourmentée, enveloppée d'une fumée confuse, avait l'air d'un troupeau surpris en rase campagne dans le premier tourbillon d'un orage formidable...

C'est qu'il en pleuvait du fer sur ce talus ! On n'entendait que le crépitement[2] de la fusillade, le bruit sourd des gamelles roulant dans le fossé, et les balles qui vibraient longuement d'un bout à l'autre du champ de bataille, comme les cordes tendues d'un instrument sinistre et retentissant. De temps en temps, le drapeau qui se dressait au-dessus des têtes, agité au vent de la mitraille, sombrait dans la fumée ; alors une voix s'élevait grave et fière, dominant la fusillade, les râles[3], les jurons des blessés : « Au drapeau ! mes enfants, au drapeau !... » Aussitôt, un officier s'élançait, vague comme une ombre dans ce brouillard rouge, et l'héroïque enseigne[4], redevenue vivante, planait encore au-dessus de la bataille.

Vingt-deux fois, elle tomba !... Vingt-deux fois, sa hampe[5], encore tiède, échappée à une main mourante, fut saisie, redressée ; et lorsqu'au soleil couché, ce qui restait du régiment — à peine une poignée d'hommes — battit lentement en retraite, le drapeau n'était plus qu'une guenille aux mains du sergent Hornus, le vingt-troisième porte-drapeau de la journée.

Ce sergent Hornus était une vieille bête à trois brisques[6], qui savait à peine signer son nom, et avait mis vingt ans à gagner ses galons de sous-officier. Toutes les misères de l'enfant trouvé, tout l'abrutissement de la caserne se voyaient dans ce front bas et buté[7], ce dos voûté par le sac, cette allure inconsciente du troupier dans le rang. Avec cela, il était un peu bègue, mais, pour être porte-drapeau, on n'a pas besoin d'éloquence. Le soir même de la bataille, son colonel lui dit : « Tu as le drapeau, mon brave ; eh bien, garde-le. » Et sur sa pauvre capote de campagne, déjà toute passée à la pluie et au feu, la cantinière surfila[8] tout de suite un liseré[9] d'or de sous-lieutenant.

Ce fut le seul orgueil de cette vie d'humilité. Du coup, la taille du vieux troupier se redressa. Ce pauvre être habitué à marcher courbé, les yeux à terre, eut désormais une figure fière, le regard toujours levé pour voir flotter ce lambeau d'étoffe et le maintenir bien droit, bien haut, au-dessus de la mort, de la trahison, de la déroute. Vous n'avez jamais vu d'homme si heureux qu'Hornus les jours de bataille, lorsqu'il tenait sa hampe à deux mains, bien affermie dans son étui de cuir. Il ne parlait pas, il ne bougeait pas : sérieux comme un prêtre, on aurait dit qu'il tenait quelque chose de sacré. Toute sa vie, toute sa force était dans ses doigts crispés autour de ce beau haillon doré sur lequel se ruaient les balles, et dans ses yeux pleins de défi qui regardaient les Prussiens bien en face, d'un air de dire : « Essayez donc de venir me le prendre!... »

Personne ne l'essaya, pas même la mort. Après Borny, après Gravelotte, les batailles les plus meurtrières, le drapeau s'en allait de partout, haché, troué, transparent de blessures, mais c'était toujours le vieil Hornus qui le portait.

Alphonse DAUDET.

RÉSUMÉ.

SUR LE CHAMP DE BATAILLE LE DRAPEAU EST L'EMBLÈME DE LA PATRIE. LES SOLDATS DOIVENT SE SERRER AUTOUR DE LUI, LE TENIR TOUJOURS HAUT, ET NE JAMAIS LE LIVRER A L'ENNEMI.

EXERCICES.

1. Qu'est-ce que le drapeau ? — Que représente-t-il ?
2. Quelles sont les couleur du drapeau français ?
3. Quels sont les devoirs du soldat envers le drapeau ?

1. *Cible,* but pour le tir des armes à feu.

2. *Crépitement,* bruit sec et pétillant.

3. *Râle,* souffle des moribonds.

4. *Enseigne,* drapeau.

5. *Hampe,* le bois auquel le drapeau est attaché.

6. *Brisques,* galons qui marquent les réengagements successifs d'un soldat.

7. *Buté,* obstiné.

8. *Surfiler,* coudre en dessus.

9. *Liseré,* galon étroit.

CHAPITRE VII.

L'IMPOT. — LE DEVOIR DE PAYER L'IMPOT.

La société a des charges¹ parce qu'elle a des devoirs envers l'ensemble des citoyens. Nous devons tous contribuer à ces charges parce que nous en profitons tous. C'est là le principe de l'**impôt**. L'impôt, suivant la définition qu'en a donnée l'Assemblée constituante, est « la dette commune des citoyens, et le prix des avantages que la société leur procure ».

Le premier devoir de la société, c'est d'assurer l'intégrité de la patrie. Pour cela il faut une armée, même en temps de paix. Qui paiera l'armée, qui la nourrira, qui l'habillera, qui l'équipera, qui l'armera ? Évidemment tous les citoyens, puisqu'ils sont tous intéressés à la conservation de la patrie, et que sans armée la patrie serait exposée au danger d'être détruite.

La société doit en outre garantir à chaque citoyen la sécurité de sa personne et de ses biens, et le libre exercice de ses droits. Il lui faut donc une police et une magistrature, une police pour rechercher et saisir les mauvais citoyens qui ont porté atteinte aux droits d'autrui, une magistrature pour les juger et les punir. Qui paiera la police et la magis-

trature ? Tous les citoyens encore, puisque tous sont intéressés à la sécurité publique et au libre exercice de leurs
droits.

Ce n'est pas tout ; il ne suffit pas à la société d'assurer
sa sécurité et celle des citoyens. Elle est un être collectif [2]
qui se développe, qui s'améliore, qui se perfectionne. De là
pour elle de nouveaux devoirs et de nouvelles charges. En
voulez-vous des exemples ? Je n'irai pas les prendre bien
loin.

Vos grands-pères pourront vous dire ce qu'était votre
village il y a quarante ans. Il n'était pas facile d'en sortir,
tant les chemins étaient rares et mauvais. Aujourd'hui vous
avez de bonnes routes, bien entretenues, dans toutes les
directions ; vous avez même un chemin de fer qui vous relie
avec le reste de la France. Qu'en résulte-t-il ? Vos grands-
pères vous le diront encore. On n'est plus exposé à rester
embourbé dans les ornières d'un chemin creux ; on va plus
facilement à ses affaires ; on porte plus aisément qu'autrefois
ses produits au marché ; on les expédie même au loin. Les
vendant plus commodément, on les vend plus cher. Tout le
monde a donc gagné à la construction de ces routes ; tout le
monde a intérêt à ce qu'elles soient bien entretenues. Avec
quel argent fallait-il les construire ? Avec quel argent faut-il
les entretenir ? Avec l'argent de tout le monde.

C'est encore avec l'argent de tout le monde qu'on a bâti
votre école ; c'est avec l'argent de tout le monde qu'on en
bâtit partout, dans les villes, dans les villages et même dans
les hameaux; c'est avec l'argent de tout le monde qu'on paie
vos maîtres et vos maîtresses. N'est-ce pas juste ? L'instruction est aujourd'hui gratuite et obligatoire. Tout le
monde en profite. Dès lors ne doit-elle pas être payée par
tout le monde ?

Mais une nation soucieuse de sa grandeur et de sa dignité
ne se borne pas à donner à tous l'instruction primaire, elle
favorise le développement des sciences, des lettres et des arts.
Ce ne sont pas là des dépenses inutiles, comme on le dit parfois. La meilleure partie de notre gloire, la plus durable et
la plus noble, vient de nos grands écrivains, de nos grands

artistes, de nos grands savants. Une nation féconde et riche comme la France ne doit pas limiter ses soucis à l'agriculture, à l'industrie et au commerce, sous peine de déchoir [3] du rang où l'a portée le génie de quelques-uns de ses enfants.

Que conclure de tout ceci ?

C'est qu'il faut **payer scrupuleusement l'impôt** et ne jamais faire tort, même d'un centime à l'État. Toute fraude envers l'État est une injustice. **Un fraudeur est un voleur public.**

RÉSUMÉ.

LA SOCIÉTÉ A DES CHARGES, PARCE QU'ELLE A DES DEVOIRS ENVERS LES CITOYENS QUI LA COMPOSENT. CES CHARGES DOIVENT ÊTRE SUPPORTÉES PAR TOUS LES CITOYENS, PARCE QUE TOUS EN PROFITENT. L'IMPÔT EST LA DETTE COMMUNE DES CITOYENS, ET LE PRIX DES AVANTAGES QUE LA SOCIÉTÉ LEUR PROCURE. PAYEZ SCRUPULEUSEMENT L'IMPÔT, ET NE CHERCHEZ JAMAIS A FRAUDER L'ÉTAT.

EXTRAIT DES LOIS FRANÇAISES. — *Pour l'entretien de la force publique, et pour les dépenses d'administration, une contribution commune est indispensable ; elle doit être également répartie entre tous les citoyens, en raison de leurs moyens.* (Constitution de 1791.)

EXERCICES.

1. Qu'est-ce que l'impôt ?
2. Qu'est-ce qui rend l'impôt nécessaire ? — Montrer par des exemples que l'impôt est nécessaire aux services publics dont tous les citoyens profitent ou peuvent profiter.
3. Est-ce un devoir pour les citoyens de payer strictement l'impôt ?
4. Montrez que la fraude est une action coupable.

---

1. *Charges*, obligations.
2. *Collectif*, qui contient un ensemble de personnes et de choses.

3. *Déchoir*, tomber dans un état inférieur à celui où l'on était.

CHAPITRE VIII.

LES DEVOIRS CIVIQUES.

Respecter les lois et les autorités, être soldat, payer l'impôt, ce n'est pas tout ce que le citoyen doit à sa patrie, surtout dans une patrie libre comme la France. Autrefois, la France était gouvernée par des rois qui prétendaient tenir leur pouvoir de Dieu, et le transmettaient à leurs descendants ; alors il n'y avait pas de **citoyens**, mais des **sujets**. La Révolution de 1789 a changé cela ; elle a proclamé ce principe que tous les membres de la nation française sont libres et égaux, et que par suite la **souveraineté** leur appartient à tous et n'est pas la propriété d'un seul à l'exclusion des autres. Plus tard, en 1848, conformément au principe de la souveraineté nationale, la République, en établissant le **suffrage universel**, a donné à chaque citoyen le moyen d'exercer sa part de souveraineté.

Le suffrage universel est une conséquence de la **souveraineté nationale**. Voilà un peuple souverain, composé de plusieurs millions d'individus ; la souveraineté nationale est répartie entre eux. Comment l'exerceront-ils ? Feront-ils eux-mêmes les lois, les règlements d'administration et de police ? Décideront-ils directement de la paix, de la guerre, des traités de commerce [1] ? C'est chose manifestement impossible. Ils n'ont pas tous les connaissances nécessaires pour résoudre ces questions, et, les eussent-ils, vous figurez-vous les 36,000 communes de France délibérant sur ces questions ? Le moyen de s'entendre ? Le moyen d'aboutir ? Ce serait l'impuissance et l'anarchie [2] ! Aussi pour obvier à ces inconvénients, le peuple délègue-t-il [3] sa souveraineté à des représentants, à des mandataires [4] élus par lui pour un temps en général assez court, et chargés de faire au nom du peuple et pour le peuple, ce que le peuple ne peut pas faire directement lui-même. Ces mandataires, ce sont les conseillers municipaux dans la commune, les conseillers généraux dans le département, les députés dans la France entière. Nous verrons, dans l'enseignement civique, comment sont organisés et comment fonctionnent en France les pouvoirs publics. Ce que nous venons de dire nous suffit ici pour déterminer les **devoirs civiques** du citoyen français.

Le premier, c'est de ne pas se désintéresser [5] de la chose publique. L'indifférence politique est une faute, dans les deux sens de ce mot, une faute au point de vue moral, une faute au point de vue de l'intérêt ; c'est l'abandon, par le citoyen, de sa part de souveraineté ; c'est l'abandon par lui de tous les intérêts de la patrie. Il ne faut pas négliger ses affaires ; mais il est aussi sot de négliger les affaires de tout le monde, c'est-à-dire du pays. Une nation indifférente à la façon dont elle est gouvernée ne sera pas longtemps maîtresse d'elle-même ; elle aura vite des maîtres qui seront moins préoccupés de la bien servir que de conserver le pouvoir et qui, pour parvenir à ce but, ne reculeront devant aucune loi funeste, devant aucune guerre désastreuse. C'est pour cela que **le vote** par lequel un citoyen délègue à un autre citoyen sa part de souveraineté **est moralement obligatoire**.

Mais il en est qui s'intéressent tellement aux choses publiques, que ne trouvant pas qu'elles marchent à leur gré, ils rêvent sans cesse de **révolution**. C'est là un excès contraire, et non moins condamnable. La guerre civile est bien affreuse ; pourtant il y a eu des révolutions nécessaires et justes. Un bon Français ne dira jamais de mal de la Révolution de 1789 qui nous a faits citoyens libres. Mais s'il est légitime pour un peuple dont les droits sont méconnus de s'insurger contre le gouvernement qui les méconnaît, une fois ces droits conquis, l'insurrection n'est plus permise. Les révolutions sont devenues inutiles depuis que le peuple, grâce au bulletin de vote, peut faire prévaloir [6] pacifiquement ses volontés, et réaliser dans le gouvernement les changements qu'il croit bons. Pourquoi aller chercher des moyens illégaux et violents quand on en a de légaux et de pacifiques ? Il suffit de deux vertus qui ne sont pas moins nécessaires aux nations qu'aux individus, la constance et la patience.

RÉSUMÉ.

IL FAUT S'INTÉRESSER AUX AFFAIRES PUBLIQUES ET VOTER AUX ÉLECTIONS. LES RÉVOLUTIONS SONT DEVENUES INUTILES, DEPUIS QUE TOUT CITOYEN FRANÇAIS EST ARMÉ D'UN BULLETIN DE VOTE.

EXTRAIT DES LOIS FRANÇAISES. — « *La Loi est l'expression de la volonté générale. Tous les citoyens ont droit de concourir personnellement ou par leurs représentants à sa formation. Elle doit être la même pour tous, soit qu'elle protège, soit qu'elle punisse. Tous les citoyens étant égaux à ses yeux sont également admissibles à toutes dignités, places et emplois publics, selon leur capacité, et sans autre distinction que celle de leurs vertus et de leurs talents.* » (Déclaration des droits de l'homme.)

EXERCICES.

1. Quelle différence y a-t-il entre un sujet et un citoyen ? — Citez des pays dont les habitants sont encore des sujets. — En France sommes-nous sujets ou citoyens?

2. Notre qualité de citoyens nous impose-t-elle des devoirs?

3. Montrez que c'est pour nous un devoir de nous intéresser aux affaires publiques. — Quelles sont les conséquences de l'indifférence des citoyens au gouvernement de leur pays ?

4. Pourquoi le vote est-il moralement obligatoire?

5. Qu'est-ce qu'une révolution. — Y a-t-il eu des révolutions légitimes? — Pourquoi l'ont-elles été? — Montrer qu'en France toute révolution est devenue inutile.

1. *Traité de commerce*, traité conclu avec une nation étrangère, au sujet de l'échange des produits de l'industrie.

2. *Anarchie*, désordre.

3. *Déléguer*, donner le droit d'agir au nom d'un autre.

4. *Mandataire*, celui qui a reçu mission d'agir pour un autre.

5. *Se désintéresser de*, ne pas prendre intérêt à.

6. *Faire prévaloir*, faire triompher.

CHAPITRE IX.

LES DEVOIRS CIVIQUES : DEVOIRS DES ÉLECTEURS.

A vingt et un ans vous serez électeurs; vous prendrez part à la nomination des conseillers municipaux, des conseillers d'arrondissement, des conseillers généraux, des députés, en un mot de tous les représentants, de tous les mandataires du peuple. Du vote dépend la marche bonne ou mauvaise de la commune, de l'arrondissement, du département et de la France entière. Aussi le vote est-il l'acte le plus important de la vie de citoyen.

Le vote impose aux électeurs de sérieux devoirs. Un mot les résume tous : il faut bien voter, c'est-à-dire, **voter en conscience.**

Voter en conscience, c'est d'abord ne pas vendre sa voix.— Vendre sa voix dans une élection, c'est pire encore que vendre son honneur, car, en définitive, celui qui vend son honneur ne fait tort qu'à lui-même, et celui qui vend sa voix fait tort à tous ses concitoyens, puisque son vote peut avoir pour résultat de confier les intérêts publics à des gens indignes de les avoir en main. Il y a plus d'une façon de vendre sa voix.— Il n'est pas nécessaire pour cela de recevoir de l'argent d'un candidat¹ à la condition de voter pour lui; il suffit d'attendre de lui des services personnels; on espère qu'une fois élu, il saura reconnaître le concours qu'on lui aura donné, et procurer à l'électeur dévoué ou à sa famille places et faveurs. Pour être moins grossier, ce n'en est pas moins là un honteux marché. — On vend encore sa voix, lorsqu'en votant pour un député qui doit être le représentant de la France entière et non celui du clocher, on se propose d'obtenir pour son clocher², pour sa commune, des avantages contraires à l'intérêt général.

Voter en conscience, c'est voter avec indépendance. — Votre vote vous appartiendra; personne n'aura le droit de vous le dicter. Quelle que soit un jour votre condition, serviteurs à gage, ouvriers, employés, fermiers, votre maître, votre patron, votre chef de service, votre propriétaire, ne seront pas en droit de vous faire voter contrairement à vos vues, pour leurs candidats préférés, et si par hasard, ils oubliaient leur devoir au point de peser sur vous par les menaces et les promesses, vous, n'oubliez pas le vôtre, qui est de n'écouter ni menaces ni promesses, et de voter librement, en toute indépendance.

Voter en conscience, c'est encore voter en connaissance de cause. — On ne doit pas voter pour M. tel ou tel, parce qu'il est M. tel ou tel; on doit voter pour lui, parce qu'il pense comme nous sur la marche générale des affaires de la commune, du département et de l'État, et parce qu'il nous paraît un honnête homme.

Il faut donc, au moment des élections, s'éclairer autant que possible sur le programme et la personne des candidats, lire leurs professions de foi[3], les journaux qui les discutent, aller aux réunions publiques[4], écouter les candidats, les interroger, se renseigner sur eux, tâcher en un mot de savoir exactement ce qu'ils pensent, ce qu'ils veulent et ce qu'ils sont.

Voter en conscience, c'est enfin ne pas se laisser duper[5] par les flatteries et les belles promesses de certains candidats. — Sachez discerner l'ambitieux qui promet tout, qui flatte le peuple pour avoir ses suffrages[6], de l'honnête homme plus soucieux du bien public que de sa popularité[7], et votez toujours pour le candidat le plus éclairé, le plus ferme dans ses idées, le plus désintéressé, le plus dévoué au bien public, en un mot, le plus honnête et le plus digne.

Une fois le vote acquis, une fois la sentence du peuple sortie de l'urne[8], il faut s'y conformer. La majorité fait la loi. Ce serait faire acte de mauvais citoyen que de vouloir s'insurger contre ses décisions. — « Avez-vous voté? Oui. Vous avez épuisé votre droit. Tout est dit. Quand le vote a parlé, la souveraineté a prononcé. Il n'appartient pas à quelques-uns de défaire ni de refaire l'œuvre de tous. Vous êtes citoyens, vous êtes libres, votre heure reviendra, sachez l'attendre. En attendant, travaillez, écrivez, parlez, discutez, éclairez-vous, éclairez les autres. Vous avez à vous, aujourd'hui, la liberté, demain la souveraineté. Vous êtes forts ! » (Victor Hugo.)

RÉSUMÉ.

IL FAUT VOTER EN CONSCIENCE ; LE VOTE DOIT ÊTRE HONNÊTE, INDÉPENDANT ET ÉCLAIRÉ. — IL FAUT RESPECTER LES DÉCISIONS DE LA MAJORITÉ.

EXTRAIT DES LOIS FRANÇAISES. — *Tout citoyen qui aura, dans les élections, acheté ou vendu un suffrage à un prix quelconque, sera puni d'interdiction des droits de citoyen et de toute fonction ou emploi public pendant cinq ans au moins et dix ans au plus.* (Code pénal.)

EXERCICES.

1. Montrez qu'il est honteux de vendre sa voix dans les élections.
2. Qu'est-ce que voter avec indépendance ?
3. Qu'est-ce que voter en connaissance de cause ?
4. Quels moyens avons-nous de nous éclairer avant de voter ?
5. Montrez qu'on doit respecter les décisions de la majorité.

1. *Candidat*, celui qui sollicite les suffrages de ses concitoyens.
2. *Clocher*, pour paroisse ; intérêt de clocher, intérêt particulier.
3. *Profession de foi*, déclaration faite par un candidat.
4. *Réunions publiques*, assemblées de citoyens.
5. *Duper*, tromper.
6. *Suffrages*, les voix lors d'une élection.
7. *Popularité*, faveur parmi le peuple.
8. *Urne,* boîte où les électeurs déposent leurs bulletins de vote.

CHAPITRE X.

LES DEVOIRS CIVIQUES : DEVOIRS DES ÉLUS.

En France, les citoyens ne sont pas seulement électeurs ; ils sont aussi éligibles [1] ; à moins d'indignité [2] prévue par les lois du pays, ils peuvent recevoir de leurs concitoyens mandat d'administrer les affaires publiques. L'éligibilité est une nouvelle conséquence de la souveraineté nationale.

Être élu par ses concitoyens, c'est pour un bon Français l'honneur le plus grand ; mais cet honneur se paie par de grands devoirs. Voici quelle règle de conduite s'était tracée un homme de bien qui fut plusieurs fois député :

« Avant l'élection, je ne ferai aux électeurs aucune promesse que je saurais ne pas pouvoir tenir. — Je leur ferai connaître, sans réticence [3], comment j'envisage les affaires du pays, les réformes que je crois bon de réaliser, celles que je crois utiles d'ajourner et même d'écarter. Sans doute, eux et moi nous serons loin de nous entendre entièrement sur tous les points ; mais comme il n'est pas au monde deux hommes qui pensent exactement de même sur le détail des affaires, l'essentiel c'est que nous nous entendions sur les questions principales, qu'il n'y ait entre nous ni malentendus ni sous-entendus, et qu'ils voient bien qu'ils sont en face d'un honnête homme et non d'un ambitieux.

» Une fois élu, si j'ai l'honneur de l'être, je me consacrerai entièrement à mon mandat [4]. — J'étudierai les affaires et les questions qui me seront soumises avec toute l'attention dont je suis capable. — Je ne prendrai pas la parole à la légère, pour le vain désir de paraître à la tribune [5].

» J'aurai toujours en vue le bien public, et jamais mon intérêt privé. Si parfois ils sont opposés l'un à l'autre, je sacrifierai mon intérêt à l'intérêt public.

» Je me souviendrai que je suis l'homme d'affaires [6] de la France, et non celui de mes électeurs. Leurs intérêts particuliers, s'ils sont contraires à l'intérêt général, ne me toucheront pas plus que mes intérêts propres. Mon souci ne sera pas d'assurer ma réélection, en cherchant à plaire à mes électeurs et à me faire parmi eux des obligés et des clients [7].

» Je voterai dans la pleine indépendance de mon âme ; je m'opposerai de toutes mes forces aux mesures qui me paraîtraient contraires aux intérêts de mon pays ; je m'emploierai tout entier à faire triompher les idées que je croirai utiles et justes.

» J'aurai uniquement souci de la prospérité et de la grandeur de la France. »

Que vous semble de ce langage, mes amis? N'est-il pas celui d'un honnête homme et d'un bon citoyen? Voilà comment doivent penser tous les élus du suffrage universel, depuis le conseiller municipal qui serait coupable s'il s'avisait de faire décider la création d'un chemin dont il serait seul à profiter, jusqu'au député, qui serait criminel s'il votait contre une mesure d'intérêt général pour la raison qu'elle ferait tort à ses intérêts privés.

RÉSUMÉ.

LES ÉLUS DU SUFFRAGE UNIVERSEL DOIVENT REMPLIR CONSCIENCIEUSEMENT LE MANDAT QU'ILS ONT REÇU, NE JAMAIS SACRIFIER L'INTÉRÊT GÉNÉRAL A LEUR INTÉRÊT PRIVÉ, ET NE JAMAIS SE SERVIR DE LEUR SITUATION EN VUE DE LEURS INTÉRÊTS PARTICULIERS.

EXERCICES.

1. Montrez que les élus de la nation sont les hommes d'affaires de la nation et non pas ceux de leurs électeurs.

2. Montrez que les élus du suffrage universel ne doivent pas se servir de leur situation en vue de leurs intérêts particuliers, mais qu'ils doivent avoir toujours en vue l'intérêt général.

1. *Éligible*, qui peut être élu.
2. *Indignité*, ce qui rend indigne.
3. *Réticence*, suppression volontaire d'une chose qu'on devrait dire.
4. *Mandat*, ici au figuré : devoirs résultant du mandat reçu.
5. *Tribune*, lieu élevé d'où parlent les orateurs dans les assemblées.
6. *Homme d'affaires*, celui qui fait les affaires d'un autre.
7. *Client*, ici non pas celui qui va acheter chez un marchand, mais celui qui se met sous la protection de quelqu'un.

CHAPITRE XI.

LES DROITS DES CITOYENS.

En échange des devoirs qui leur sont imposés, les citoyens doivent obtenir de l'Etat la garantie de leurs droits. Cette

garantie est la raison d'être de l'État. Les citoyens ne sont
pas faits pour l'État ; c'est, au contraire, l'État qui est fait
pour les citoyens.

Énumérons les principaux droits des citoyens.

En premier lieu, ils ont droit à ce que leur vie soit proté-
gée. Une société où la sécurité des personnes serait sans
cesse menacée, où les attentats contre les personnes ne
seraient pas réprimés, ne serait pas une société.

Les citoyens ont droit à la libre disposition de leur personne et de leurs biens. C'est ce qu'on appelle, à proprement parler, les **droits civils**. En France, quiconque jouit
de ses droits civils, peut acheter et vendre, donner et recevoir, hériter et transmettre par succession. La loi française
n'impose à l'exercice de ces droits que des restrictions qui
résultent de la loi morale ; ainsi, les parents ne peuvent disposer de toute leur fortune en faveur d'un étranger, et en
faveur d'un de leurs enfants à l'exclusion des autres.

Les citoyens ont droit à la liberté. La liberté dont il s'agit
ici n'est pas cette liberté intérieure, — pouvoir de prendre un
parti en sachant qu'on aurait pu prendre le parti contraire,
— dont nous avons parlé au début de la morale. Cette
liberté-là, personne n'a de prise sur elle ; personne ne peut
y porter atteinte ; mon for intérieur m'appartient, et nul
n'y pénètre sans ma permission. Mais, dans la société, cette
liberté tout intérieure serait un leurre, si elle ne pouvait se
manifester extérieurement par des actes.

Les **libertés** que l'État doit garantir à tous les citoyens
sont :

1º La **liberté individuelle**. — J'ai le droit de disposer
de mon individu comme je l'entends, à la condition de respecter la liberté des autres et d'obéir aux lois de mon
pays.

2º La **liberté de domicile**. — J'ai le droit de résider
où je veux ; personne n'a le droit de pénétrer chez moi sans
mon consentement, sauf les magistrats chargés de rechercher
les délits et les crimes, et encore dans certains cas seulement et avec les formes prévues par les lois.

3º La **liberté de pensée**. — J'ai le droit de penser ce

que je veux, et de manifester publiquement ma pensée, soit
par la parole, soit dans des journaux, soit dans des livres, à
la condition de respecter les droits des autres citoyens et les
lois de mon pays.

4° **La liberté de conscience et des cultes.** — J'ai le
droit de croire ce que je veux. A vrai dire, personne ne peut
m'empêcher de croire ce que je veux et m'imposer des
croyances, parce que mes croyances ne dépendent que de
moi. Mais j'ai le droit de n'être pas astreint à croire silen-
cieusement ce que je crois. Je dois pouvoir manifester mes
croyances et me livrer à un culte avec ceux qui les parta-
gent, à la condition de respecter les droits de ceux qui
n'ont pas les mêmes croyances que moi, et les lois de mon
pays.

5° **La liberté du travail.** — J'ai le droit de faire, à
mes risques et périls, le métier qui me plaît. C'est une conséquence de ma liberté individuelle et des droits que j'ai sur
ce qui m'appartient. Une loi qui fixerait, comme cela se
voyait avant la Révolution, le nombre de ceux qui peuvent
exercer un métier, serait une loi oppressive et injuste.

6° **La liberté d'association.** — J'ai le droit de mettre
en commun avec d'autres mon intelligence, mes bras et mon
argent pour un but déterminé, toujours à la condition de
respecter les droits d'autrui et d'obéir aux lois de mon
pays.

7° **Les libertés politiques.** — J'ai le droit d'être électeur; j'ai le droit d'être élu, si j'ai l'âge requis par la loi, et
si je n'ai encouru aucune des incapacités prévues par elle.
J'ai le droit de prétendre à toutes les fonctions publiques,
civiles ou militaires, si j'en suis capable et digne.

Pour terminer ce que nous avons dit sur les devoirs de
chaque citoyen envers sa patrie, je ne puis mieux faire que
de vous citer le serment que prêtaient les jeunes citoyens
d'Athènes le jour de leur majorité :

« Je ne déshonorerai pas les armes sacrées, et je ne
quitterai pas le compagnon de rang à côté duquel j'aurai été
placé.

» Seul ou avec d'autres, je défendrai les institutions et la religion de la patrie.

» Je ne laisserai pas à mes descendants la patrie plus petite que je ne l'ai reçue de mes pères, mais plus forte et plus grande.

» J'accepterai toujours les décisions des juges.

» J'obéirai aux lois existantes et à toutes celles que le peuple d'accord établirait dans la suite.

» Si quelqu'un cherche à détruire les lois et à y désobéir, je ne le souffrirai pas, et je le défendrai seul ou avec le secours de tous.

» J'honorerai les dieux de mes pères. »

RÉSUMÉ.

L'ÉTAT DOIT GARANTIR A TOUS LES CITOYENS LA JOUISSANCE ET LE LIBRE EXERCICE DE LEURS DROITS. CES DROITS SONT : 1° LES DROITS CIVILS : LIBERTÉ INDIVIDUELLE, INVIOLABILITÉ DE DOMICILE; 2° LES DROITS PUBLICS : LIBERTÉ DE LA PENSÉE, LIBERTÉ DE CONSCIENCE ET DES CULTES, LIBERTÉ DU TRAVAIL, LIBERTÉ D'ASSOCIATION; 3° LES DROITS POLITIQUES.

EXERCICES.

1. Quel est le but de l'État?

2. Montrez pourquoi le citoyen qui a des devoirs envers l'État a aussi des droits que l'État doit faire respecter.

3. Qu'appelle-t-on droits civils? Quels sont les principaux?

4. Qu'est-ce que la liberté individuelle?

5. Qu'est-ce que la liberté du domicile?

6. Qu'appelle-t-on libertés publiques? — Quelles sont les principales?

7. Qu'est-ce que la liberté de pensée?

8. Qu'est-ce que la liberté de conscience et des cultes?

9. Qu'est-ce que la liberté du travail?

10. Qu'est-ce que la liberté d'association?

11. Qu'appelle-t-on droits politiques? — Quels sont les principaux?

---

1. *For intérieur*, le jugement de la conscience.

CHAPITRE XII.

LES DEVOIRS DES FEMMES ENVERS LA PATRIE.

Le service militaire, la défense du pays, le vote, tout cela c'est l'affaire des hommes. Les femmes n'ont-elles donc pas de devoirs envers la patrie ?

La patrie ne leur reconnait pas les mêmes droits, et, en revanche, elle ne leur impose pas les mêmes obligations qu'aux hommes. Elles ne sont ni électeurs ni éligibles ; elles ne tirent pas au sort, elles ne vont pas sur les champs de bataille si ce n'est par dévouement, pour soigner les blessés. Malgré cela, la patrie ne saurait être pour elles une chose indifférente.

La femme n'a pas à faire métier de politique ; elle a son ménage à diriger, ses enfants à élever ; à l'homme, les vertus publiques ; à la femme, les vertus domestiques. Son lot n'est peut-être pas le moins enviable. Mais elle est Française, et, à ce titre, elle ne doit se désintéresser de rien de ce qui touche à la prospérité, à la grandeur et à l'avenir de la France. Cet avenir, après tout, n'est-ce pas celui de ses enfants, et ne ressent-elle pas au foyer domestique le contre-coup des événements publics ? Enfin, n'est-ce pas pour elle, une condition de paix, de bonheur et de dignité, d'avoir des pensées communes avec son mari, de vivre de sa vie, d'être vraiment la moitié de lui-même, de le réconforter par une affection dévouée aux heures de découragement, d'être prête à subir avec lui les sacrifices qu'il croira parfois devoir s'imposer. Vertus du foyer, vous êtes le soutien des vertus publiques !

Mais là n'est pas le rôle entier de la femme. Mère, elle a des enfants. Ce n'est pas seulement pour eux et pour elle qu'il lui faut les élever ; c'est encore pour la France. Femmes de France, la patrie compte sur vous pour inspirer à vos fils la probité civique, la vaillance, l'ardeur patriotique, l'esprit d'abnégation des vrais citoyens !

Qu'ils vous aiment, les chers enfants, de toutes les forces de leur âme, mais qu'ils apprennent de vous à aimer, à chérir la mère commune. Instruits par vous de leurs devoirs envers elle, ils les rempliront avec la joie qu'on éprouve à servir une mère.

Et si la patrie a besoin d'eux pour défendre son territoire et son honneur, laissez-les partir sans faiblesse ; la patrie doit passer avant la famille. Peut-être ces fils, tendrement aimés, rendront-ils le dernier soupir sur un champ de bataille, loin de leurs mères : soyez fortes dans la douleur ; ils auront fait leur devoir : ils seront morts glorieusement, et si la patrie est fière d'avoir de nobles défenseurs, vous, soyez fières de les avoir formés.

Quel grand et douloureux devoir ! La patrie ne demande pas aux femmes de verser leur sang sur les champs de bataille ; ce qu'elle leur demande parfois est bien autre chose, c'est le sang de leurs fils !

Leurs fils, leur joie, leur orgueil, leur consolation, leur espérance et souvent leur soutien, leurs fils qu'elles ont bercés, soignés, adorés, élevés pour être le bonheur et l'honneur de leurs vieux jours, leurs fils, pour qui elles donneraient leur vie, il leur faut les donner à la patrie !

Oh ! respect aux mères dont les fils sont morts pour la France !

RÉSUMÉ.

LES FEMMES DOIVENT ENCOURAGER LEURS MARIS DANS L'ACCOMPLISSEMENT DE LEURS DEVOIRS CIVIQUES ET NE LES EN DÉTOURNER JAMAIS ; ELLES DOIVENT ÉLEVER LEURS ENFANTS EN BONS CITOYENS, ET LEUR INSPIRER L'AMOUR DU PAYS ; ELLES DOIVENT ÊTRE PRÊTES A LES SACRIFIER A LA PATRIE.

EXERCICES.

1. Montrez comment les vertus domestiques de la femme peuvent être un soutien pour les vertus publiques du mari.

2. Montrez que la femme a des devoirs envers la patrie dans l'éducation de ses enfants.

3. Quels sentiments doit-elle inspirer à ses enfants ?

4. Quel est le devoir d'une mère, quand la patrie appelle son fils sous les drapeaux ?

DEUXIÈME PARTIE

NOTIONS D'ENSEIGNEMENT CIVIQUE

PRÉAMBULE.

Chaque citoyen français fait partie d'une **commune**. Chaque **commune** fait partie d'un **canton** ; chaque canton d'un **arrondissement**, chaque arrondissement d'un **département**. Il y a en France 86 départements, plus le territoire de Belfort. Malgré ces divisions et ces subdivisions, la France est **une** et **indivisible**. Elle a des lois qui sont les mêmes pour tous les citoyens, et une organisation politique et administrative qui est la même pour tout le territoire.

CHAPITRE Iᵉʳ.

LA COMMUNE ; LE CANTON.

La **commune** est à la fois une circonscription territoriale et une circonscription administrative ; elle est une certaine portion du territoire français ayant une administration propre et cependant rattachée à l'administration générale du pays. Toute commune, petite ou grande, qu'elle ait 150 habitants ou 150,000, est **une** ; elle est comme une **personne** ; elle a comme une personne, ses droits et ses biens ; elle peut acquérir et vendre comme une personne. C'est ce qu'on appelle la **personnalité civile**.

Chaque commune est administrée par un **conseil municipal**, élu pour trois ans par les électeurs de la commune ; le nombre des conseillers municipaux varie suivant l'importance des communes.

Le conseil municipal décide de ce qui doit être fait dans l'intérêt de la commune ; par exemple, faut-il construire un chemin ? bâtir une école ? — Chaque année, il vote le budget communal, c'est-à-dire les recettes et les dépenses de la commune. Les recettes sont de différentes sortes : c'est une partie des impositions directes payées par les habitants ; c'est le produit de la location et de la vente des biens communaux ; c'est parfois le produit de l'octroi, impôt indirect qui frappe les marchandises et les denrées à leur entrée dans certaines communes. — Les dépenses ont pour objet l'exécution de ce qui est utile à la commune : par exemple, construction et entretien des édifices communaux, tels que mairie, école, église, cimetière, chemins, rues, fontaines, lavoirs publics, etc., paiement des employés communaux, tels que secrétaire de mairie, garde-champêtre, etc.; entretien des établissements municipaux, tels que hospices, hôpitaux, etc.

Le conseil municipal délibère et vote ; mais il n'**exécute** pas lui-même ses décisions ; c'est l'affaire du **maire** et de ses **adjoints**, élus par le conseil municipal parmi les conseillers municipaux.

D'une manière générale le maire est chargé de veiller à tous les intérêts de la commune. Il propose au Conseil les mesures qu'il croit utiles à cet effet, et les fait exécuter quand elles ont été votées. Il ne peut engager aucune dépense sans l'assentiment du conseil. Il doit assurer l'ordre dans la commune. Il signe les contrats de vente et d'achat, faits au nom de la commune avec l'autorisation du conseil.

En même temps, il est **officier de l'état civil**. Il célèbre les mariages et les enregistre, ainsi que les naissances et les décès. Toute naissance doit être déclarée à la mairie dans le délai de trois jours.

Les fonctions de conseiller municipal, de maire et d'adjoint sont gratuites.

Le **canton** n'est qu'une simple circonscription territoriale. Il n'a pas d'administration propre. Il se compose de plusieurs communes. Une de ces communes porte le nom de **chef-lieu de canton**; c'est au chef-lieu de canton que réside le juge de paix et qu'ont lieu le tirage au sort et la révision.

RÉSUMÉ.

Une commune est une partie du territoire français administrée par un conseil municipal élu par les citoyens de la commune, et par un maire assisté d'un ou de plusieurs adjoints, élus par le conseil municipal.

Le conseil municipal décide de ce qui doit être fait dans l'intérêt de la commune; le maire fait exécuter ses décisions. Le maire ne peut engager aucune dépense si elle n'a été autorisée par le conseil. Le maire est officier de l'état civil.

Le canton, composé de plusieurs communes, est une circonscription territoriale qui n'a pas d'administration propre.

EXERCICES.

1. Qu'est-ce que la commune?
2. Que veut-on dire en disant que la commune est une personne civile?
3. Qui administre la commune?
4. Par qui et pour combien de temps les conseillers municipaux sont-ils élus?
5. Par qui sont élus les maires et les adjoints?
6. En quoi les attributions du maire diffèrent-elles de celles du conseil municipal?
7. Le Conseil municipal a-t-il le droit d'exécuter les décisions qu'il a votées? — Qui doit les faire exécuter?

8. Le maire a-t-il le droit de faire une dépense dans l'intérêt de la commune, si elle n'a pas été votée par le Conseil municipal ?

9. Qu'est-ce que l'état civil ? — Qui tient les registres de l'état civil ? — A quoi servent ces registres ?

10. Les fonctions de conseiller municipal et de maire sont-elles rétribuées ?

11. Qu'est-ce que le canton ? — Le canton a-t-il une administration propre ?

CHAPITRE II.

L'ARRONDISSEMENT ; LE DÉPARTEMENT.

L'arrondissement comprend plusieurs cantons, comme le canton comprend plusieurs communes. L'arrondissement ne s'administre pas plus lui-même que le canton ; il n'a pas de recettes et de dépenses propres. L'administrateur placé à la tête de chaque arrondissement, le **sous-préfet**, agit comme délégué du préfet ; le **conseil** élu de chaque **arrondissement** ne vote aucun impôt, ne décide aucune dépense ; il se borne à émettre des vœux sur les besoins de la région.

Le **département**, au contraire, est comme la commune. Il a des biens et des recettes, des impôts et des dépenses qui lui sont propres ; il a ses représentants élus, les **conseillers généraux** qui disposent de ces biens, fixent ces recettes, votent ces impôts et décident ces dépenses. Mais tandis qu'à la tête de la commune est un magistrat élu, le maire, le département est administré par un fonctionnaire nommé par le Président de la République, le **préfet**.

Les attributions du préfet sont nombreuses et variées. Il agit tantôt comme représentant de l'État, tantôt comme administrateur du département.

D'une manière générale, comme représentant de l'État il est chargé de faire exécuter les lois ; comme administrateur du département, il contrôle les délibérations des conseils municipaux, fait exécuter les décisions du conseil général, et veille aux intérêts du département. — Il a près de lui un **secrétaire général**, qui remplit les fonctions de sous-préfet de l'arrondissement chef-lieu.

Le **conseil général** se compose d'autant de membres, élus pour six ans, qu'il y a de cantons dans le département ; chaque canton nomme un conseiller général. Le conseil général se réunit régulièrement deux fois par an, huit jours après Pâques, et au mois d'août. Il vote le budget départemental et les impôts départementaux, donne son avis sur les services du département et peut émettre des vœux, à la condition qu'ils n'aient pas de caractère politique.

Dans certains cas, dont nous parlerons plus tard, les conseils généraux peuvent avoir d'importantes attributions politiques.

RÉSUMÉ.

Un arrondissement comprend plusieurs cantons, et est administré, sous l'autorité du préfet, par un sous-préfet. Le conseil d'arrondissement ne vote aucun impôt, aucune dépense, il émet des vœux d'intérêt local.

Un département est administré par un préfet et représenté par un conseil général élu pour six ans, à raison d'un membre par canton. Le conseil général vote les recettes et les dépenses du département.

Le préfet est, dans chaque département, le représentant du gouvernement.

EXERCICES.

1. L'arrondissement s'administre-t-il lui-même ? — A-t-il des recettes et des dépenses propres ?
2. Quelles sont les fonctions du sous-préfet dans chaque arrondissement ?
3. Quelles sont les attributions du conseil d'arrondissement ?
4. Le département est-il une personne civile comme la commune ? — A-t-il des biens, des recettes et des dépenses propres ?
5. Quelles sont les fonctions du préfet ?

6. Qu'est-ce que le Conseil général ? — Par qui est-il élu? — Pour combien de temps l'est-il ? — De combien de membres se compose-t-il ?

7. Quelles sont ses principales attributions ?

8. Le préfet, en même temps qu'il est l'administrateur du département, n'est-il pas aussi le représentant du gouvernement?

CHAPITRE III.

L'ÉTAT, LES GRANDS SERVICES DE L'ÉTAT.

La France n'est pas simplement une réunion de départements s'administrant chacun à part ; s'il en était ainsi, il y aurait en France autant de petits États séparés qu'il y a de départements ; la patrie serait divisée, et par suite il n'y aurait pas vraiment de patrie.

Toutes les communes, tous les départements sont reliés ensemble en un grand corps qu'on appelle l'État. Au-dessus des intérêts particuliers de chaque commune et de chaque département, il y a les intérêts généraux, par exemple assurer la défense du pays, rendre une justice uniforme, répandre l'instruction, favoriser le commerce et l'industrie, entretenir des relations avec les pays étrangers. Le soin de ces intérêts est confié à l'État, et l'État y pourvoit au moyen des grands services publics.

Distinguons nettement les services communaux et départementaux des services de l'État.

Chaque commune a intérêt à ce que ses biens soient gardés ; pour cela elle a un garde champêtre. Le garde champêtre est un agent municipal qui relève du maire.

Chaque département a intérêt à ce que les chemins qui relient les unes aux autres ses diverses communes soient tenus en bon état; pour cela il a des agents-voyers. Les agents-voyers sont des fonctionnaires départementaux qui relèvent du préfet.

Mais il y a dans certaines communes des fonctionnaires qui ne font pas partie de l'administration communale et de l'administration départementale ; tels sont les receveurs des contributions, les receveurs des postes et des télégraphes, les percepteurs, les juges de paix, les juges de première instance ; ils sont fonctionnaires de l'État, et les intérêts qui leur sont confiés sont les intérêts généraux.

De même l'armée, qui est l'armée de la France entière, tient garnison dans un certain nombre de villes sans relever pour cela de l'administration de ces villes.

De même encore certaines villes ont des établissements d'instruction publique appelés lycées et facultés : lycées et facultés ne font pas partie des services des villes où ils se trouvent ; ils appartiennent au service général de l'instruction publique.

Maintenant que nous connaissons les services communaux et les services départementaux, nous allons étudier les grands services de l'État.

Ce sont : la justice, l'armée, l'instruction publique, les travaux publics, l'agriculture, le commerce, les postes et télégraphes, les affaires étrangères, l'intérieur, les cultes, les beaux-arts et les finances.

RÉSUMÉ.

Au-dessus des communes et des départements est l'État. L'État a la garde des intérêts généraux du pays ; il y pourvoit au moyen d'un certain nombre de services publics, distincts des services communaux et des services départementaux ; les grands services publics sont : la justice, l'armée, l'instruction publique, les travaux publics, l'agriculture, le commerce, les postes et télégraphes, les affaires étrangères, l'intérieur, les cultes, les beaux-arts et les finances.

EXERCICES.

1. La France est-elle simplement une réunion de départements ?
2. Quelle idée vous faites-vous de l'État ?

3. Quels sont les principaux *intérêts généraux* auxquels l'État doit veiller ?

4. Montrer par des exemples que les services généraux de l'État sont distincts des services départementaux et des services communaux.

5. Quels sont les grands services de l'État ?

CHAPITRE IV.

LA JUSTICE : LES JUGES DE PAIX, LES TRIBUNAUX DE PREMIÈRE INSTANCE.

La **justice** est rendue par les **tribunaux.** Il y a en France deux sortes de tribunaux : 1° les **tribunaux civils;** 2° les **tribunaux correctionnels et criminels.** Les premiers jugent les contestations qui s'élèvent entre les particuliers au sujet de leurs droits ou de leurs biens ; les seconds jugent les contraventions, les délits et les crimes, c'est-à-dire tous les attentats petits ou grands contre la personne, la liberté, les biens et l'honneur des citoyens. — Quelqu'un a fait un testament en ma faveur, vous soutenez que le testament n'est pas valable ; pour faire décider la question, vous recourez à un tribunal civil. — Vous m'avez diffamé, injurié, blessé ou volé ; je vous fais traduire devant un tribunal correctionnel ou criminel.

Les deux ordres de tribunaux s'échelonnent de la façon suivante selon l'importance des affaires, et selon la gravité des attentats qu'ils ont à juger.

C'est d'abord la **justice de paix.** — Il y a dans chaque canton un juge de paix nommé par le Président de la République. — Au **civil,** sa mission, comme l'indique le beau nom qu'il porte, est de mettre la paix entre les citoyens divisés par des contestations. Il les appelle d'abord en **conciliation** ; s'il ne réussit pas à les concilier, il juge, mais seulement dans les affaires de minime importance, dans celles qui ne dépassent pas 1,500 francs. Au-dessous de

100 francs ses jugements sont **sans appel**; au-dessus ils peuvent être frappés d'appel. Nous verrons plus loin ce que c'est que l'**appel**.

Au **correctionnel**, le juge de paix juge les **contraventions**, c'est-à-dire les violations légères des droits des citoyens, tels que les voies de fait et les vols peu considérables. Il ne peut condamner à plus de cinq jours de prison.

En outre, le juge de paix pose les **scellés** sur les meubles des défunts, lorsque les héritiers sont mineurs ou absents. Le scellé est une bande de toile, fixée par deux cachets de cire, que nul, si ce n'est le juge de paix, n'a le droit de briser. Le juge de paix convoque et préside les conseils de famille que la loi donne aux mineurs.

Au-dessus de la justice de paix, il y a dans chaque arrondissement un **tribunal de première instance**. On l'appelle ainsi parce qu'il juge en premier ressort, et qu'on peut faire appel de tous ses arrêts devant un tribunal encore plus élevé.

Chaque tribunal de première instance comprend : 1° un **président** et plusieurs **juges** ; 2° un **procureur de la République** et un ou plusieurs **substituts**, qui composent le **parquet**.

Le président et les juges jugent ; un des juges, appelé **juge d'instruction** a pour fonction de rechercher les charges qui pèsent sur les prévenus. Le parquet a pour mission de demander, au nom de la société, des poursuites contre les coupables et de requérir, dans les affaires civiles et dans les affaires correctionnelles l'application de la loi. On appelle encore le procureur et son substitut d'un nom significatif le **ministère public**; le ministère public est l'avocat de la société, l'avocat de la loi.

Au civil, les tribunaux de première instance se prononcent dans toutes les affaires trop importantes pour être portées devant les juges de paix. — Au correctionnel, ils jugent les **délits**, c'est-à-dire les attentats plus graves que les contraventions et moins graves que les crimes.

RÉSUMÉ.

Il y a deux ordres de tribunaux : les tribunaux civils et les tribunaux correctionnels et criminels.

Les juges de paix, qui siègent dans les chefs-lieux de canton, jugent au civil les affaires de peu d'importance, quand ils n'ont pu concilier les plaideurs ; au correctionnel, ils jugent les contraventions.

Les tribunaux de première instance, qui siègent dans les chefs-lieux d'arrondissement, jugent au civil et au correctionnel. Il peut être fait appel de leurs arrêts.

EXERCICES.

1. Combien y a-t-il en France d'ordres de tribunaux ?
2. Qu'est-ce qu'un tribunal civil et un tribunal correctionnel ou criminel ?
3. Quelles sont les attributions des juges de paix en matière civile et en matière correctionnelle ?
4. Qu'est-ce qu'appeler en conciliation ?
5. Qu'est-ce que poser les scellés ? — Quel est le but des scellés ?
6. Où résident les juges de paix ?
7. Qu'est-ce que le tribunal de première instance ? — De quoi est-il composé ?
8. Quel est le rôle du parquet ou ministère public ?
9. Qu'est-ce que le juge d'instruction ?
10. Qu'est-ce qu'un délit ?

CHAPITRE V.

LA JUSTICE : LES COURS D'APPEL ; LA COUR D'ASSISES ; LA COUR DE CASSATION.

Au-dessus des tribunaux de première instance, il y a 23 cours d'appel.

Chaque cour d'appel a à sa tête un **premier président;**

elle comprend plusieurs **chambres**, composées chacune d'un **président** et de plusieurs **conseillers**. Auprès de chaque cour se trouve un parquet, composé d'un **procureur général**, d'un ou de plusieurs avocats généraux, et d'un ou de plusieurs substituts. Le rôle du parquet de la cour d'appel est analogue à celui du parquet des tribunaux de première instance.

Les chambres de la cour se prononcent sur tous les jugements, soit en matière civile, soit en matière correctionnelle, dont il a été fait appel soit par les citoyens condamnés par les tribunaux de première instance, soit par le parquet de ces tribunaux quand il trouve la peine prononcée insuffisante.

Les cours d'appel sont donc des **tribunaux de révision et de garantie**.

Les cours ne jugent que sur appel. Mais au-dessus des tribunaux de première instance, la loi a institué un tribunal d'une nature particulière, pour juger les attentats les plus graves commis contre la personne, les biens ou l'honneur des citoyens; c'est la **cour d'assises**.

La **cour d'assises** siège au moins tous les trois mois au chef-lieu de chaque département. Elle se compose de trois juges, dont un au moins est un **conseiller de la cour**. Mais à la différence des autres juges, les juges de la cour d'assises ne se prononcent pas sur la culpabilité des accusés; ils se bornent à appliquer la peine prévue par la loi, une fois que les accusés ont été reconnus coupables par le **jury**.

Le **jury** se compose de citoyens tirés au sort à chaque session de la cour d'assises, sur une liste qui comprend les citoyens les plus recommandables du département. La mission du jury est de décider si oui ou non les accusés sont coupables des crimes dont la société les accuse. On interroge devant lui les accusés; on lui fait entendre les **témoins à charge** et les **témoins à décharge**; le **ministère public** soutient l'accusation; l'**avocat** présente la défense de l'accusé, et la cause entendue, le jury se prononce: oui, l'accusé est coupable, ou: non, l'accusé n'est pas coupable. Dans le cas de l'affirmative, le jury peut admettre

en faveur des coupables, **des circonstances atténuantes**, qui permettent à la cour d'assises d'abaisser la
peine, par exemple de condamner à la prison au lieu de condamner aux travaux forcés.

Le **verdict** du jury une fois rendu, la cour prononce
son arrêt. Si le verdict a été négatif, elle ordonne la mise
en liberté de l'accusé ; si le verdict a été affirmatif, avec ou
sans circonstances atténuantes, elle prononce contre le coupable la peine prévue par les lois.

On peut faire appel devant la cour de cassation des arrêts
de la cour d'assises, mais seulement pour vice de forme. Si
le vice de forme invoqué est reconnu, l'arrêt est cassé, et
l'accusé est renvoyé devant une autre cour d'assises.

Au sommet de la magistrature est la **cour de cassation**. Elle a un **premier président** et un **procureur
général**, des **présidents de chambre** et des **conseillers** ; elle siège à Paris.

La cour de cassation est la cour suprême ; on peut appeler devant elle des sentences rendues par les cours d'appel.
Elle ne juge pas les affaires au fond ; elle les juge seulement
au point de vue de la régularité de la procédure suivie devant les juridictions inférieures et de la conformité des arrêts rendus avec la loi. Quand un arrêt déféré à la cour de
cassation est confirmé, il devient définitif; quand il est cassé,
l'affaire est renvoyée devant une autre cour pour être ins-
truite et jugée à nouveau.

La cour de cassation a en outre un pouvoir disciplinaire
sur tous les membres de la magistrature. Les magistrats,
nommés par le président de la République ne peuvent être
révoqués par lui ; ils sont **inamovibles** ; mais le magistrat
qui a forfait à l'honneur, manqué à ses devoirs professionnels, ou à ses devoirs envers le gouvernement de la France,
peut être exclu de la magistrature par la cour de cassation.

RÉSUMÉ.

Les cours d'appel confirment ou modifient les juge-

*ments rendus par les tribunaux de première ins-
tance, lorsqu'ils leur sont déférés.*

*La Cour d'assises siège tous les trois mois au chef-
lieu de chaque département. Elle juge les crimes. Le
jury, composé de citoyens désignés par le sort, se prononce sur la culpabilité des accusés ; la Cour prononce
la peine, d'après le verdict du jury.*

*La Cour de cassation juge les jugements rendus par
les tribunaux inférieurs ; elle les casse, dans les cas
où ces jugements ne sont pas conformes à la loi.*

EXERCICES.

1. De quoi se compose une Cour d'appel ?
2. Quelle est la fonction des Cours d'appel ?
3. Qu'est-ce que la Cour d'assises ?
4. Qu'est-ce que le jury ? — Quel est son rôle ?
5. Qu'appelle-t-on circonstances atténuantes ?
6. Qu'est-ce que la Cour de cassation ?
7. La Cour de cassation juge-t-elle les affaires au fond ?
8. Qu'est-ce que l'inamovibilité de la magistrature ?
9. En cas d'indignité, qui est-ce qui juge et condamne les magistrats ?

CHAPITRE VI.

LA JUSTICE : LES TRIBUNAUX SPÉCIAUX,
LES TRIBUNAUX ADMINISTRATIFS.

Outre cet ensemble de tribunaux, il y a en France des
tribunaux spéciaux et des **tribunaux administratifs.**

Les **tribunaux spéciaux** sont les **conseils de
guerre**, les **tribunaux de commerce**, et les **conseils
de prud'hommes.**

Les conseils de guerre, composés de membres de
l'armée, jugent les délits et les crimes commis par les militaires.

Les tribunaux de commerce, élus par les notables commerçants des villes où ils siègent, jugent les différends survenus entre commerçants, au sujet des affaires purement commerciales. Dans les villes où il n'existe pas de tribunaux de commerce, les affaires de cette sorte sont jugées par les tribunaux de première instance. Il peut être fait appel devant les cours d'appel des décisions des tribunaux de commerce.

Les conseils de prud'hommes se prononcent sur les difficultés qui surgissent entre patrons et ouvriers. Ils se composent de membres élus moitié par les patrons, moitié par les ouvriers.

Les tribunaux administratifs se prononcent sur les difficultés qui s'élèvent entre les particuliers et les administrations publiques.

Il y a au chef-lieu de chaque département **un conseil de préfecture** qui juge, entre autres affaires, les contestations au sujet des impositions et des travaux faits pour le compte des administrations.

Le Conseil d'État, qui siège à Paris, se prononce sur les différends survenus entre les ministres et les préfets d'une part, et d'autre part les particuliers qui se croient lésés dans leurs droits.

Le tribunal des conflits est un tribunal d'une espèce particulière. Un citoyen qui se croit lésé dans ses droits par un acte de l'administration doit s'adresser, pour obtenir justice, aux tribunaux administratifs. Si au lieu de cela il a recours aux tribunaux ordinaires, le préfet peut **soulever le conflit**, c'est-à-dire s'opposer à ce que l'affaire soit jugée par les juges auxquels on a eu recours. L'affaire vient alors devant le tribunal des conflits, qui décide si elle doit être jugée au fond par un tribunal ordinaire ou par un tribunal administratif.

Tout accusé a le droit de faire entendre ses témoins et de se défendre ou de se faire défendre par un avocat.

Tous les Français sont égaux devant la justice du pays.

Tous les magistrats de France, sauf les membres des tribunaux spéciaux et des tribunaux administratifs, sont placés sous l'autorité du **garde des sceaux, ministre de la justice.** Ils sont nommés sur sa proposition, par le Président de la République.

RÉSUMÉ.

Les conseils de guerre jugent les délits et les crimes commis par des militaires.

Les tribunaux de commerce jugent les différends commerciaux survenus entre commerçants.

Les conseils de prud'hommes se prononcent sur les difficultés entre patrons et ouvriers.

Les tribunaux administratifs, conseils de préfecture, conseil d'État, tribunal des conflits, se prononcent sur les difficultés entre les particuliers et les administrations publiques.

EXERCICES.

1. Comment sont composés les conseils de guerre ? — Quel est leur rôle ?
2. Comment sont composés les tribunaux de commerce ? — Quel est leur rôle ?
3. Comment sont composés les conseils de prud'hommes ? — Quelles sortes d'affaires jugent-ils ?
4. Qu'est-ce que les tribunaux administratifs ?
5. Qu'est-ce que les conseils de préfecture ?
6. Qu'est-ce que le conseil d'État ?
7. Qu'est-ce que le tribunal des conflits ?

CHAPITRE VII.

L'ARMÉE.

Vous savez quel est le rôle de **l'armée.** C'est de défendre la patrie contre ceux qui l'attaquent.

L'armée française est composée de citoyens. En France, le service militaire, sauf certaines dispenses

prévues par les lois, **est obligatoire** pour tous les citoyens valides, de 20 à 40 ans.

De 20 à 25 ans, le soldat fait partie de **l'armée active** ;
à 25 ans, il rentre dans ses foyers, mais il fait partie de
la réserve de l'armée active, et est appelé chaque
année pendant vingt-huit jours à des exercices et à des
manœuvres militaires ; à 29 ans, il passe dans **l'armée
territoriale**, qui, en temps de guerre, aurait la garde des
places fortes ; à 34 ans, il passe dans la **réserve de l'armée territoriale** et y reste jusqu'à 40 ; cette seconde
réserve serait, en temps de guerre, chargée du service intérieur, pendant que l'armée active et sa réserve seraient
devant l'ennemi.

Vous savez quels sont les grades dans l'armée française :
caporal, sergent, sous-lieutenant, lieutenant, capitaine, chef
de bataillon ou d'escadron, lieutenant-colonel, colonel, général de brigade, général de division et maréchal. Mais il faut
savoir aussi comment notre armée est organisée.

Distinguons d'abord les **combattants** et les **auxiliaires**.

Les combattants : il est inutile de vous expliquer ce mot,
vous le comprenez bien. Ils se composent de quatre armes
différentes : **l'infanterie**, la **cavalerie**, **l'artillerie** et
le **génie**.

Nous avons 151 régiments d'**infanterie**. Chacun est
commandé par un **colonel**, et se compose de 4 **bataillons**,
commandés par des **chefs de bataillon** ; chaque bataillon
comprend 4 **compagnies**, commandées chacune par un
capitaine ayant sous ses ordres un **lieutenant**, un
sous-lieutenant et des **sous-officiers**.

Un régiment d'infanterie, sur le pied de guerre, c'est-à-
dire avec les hommes de la réserve, peut comprendre jusqu'à
5,000 hommes.

Nous avons en outre 30 bataillons de **chasseurs à
pied**.

Nous avons 64 régiments de cavalerie, commandés aussi
par des **colonels**, et se composant chacun de 5 escadrons

commandés par des **chefs d'escadrons.** Un régiment de cavalerie est fort de 900 hommes.

Notre **artillerie** comprend 38 régiments. Chaque régiment est composé de 13 **batteries,** ayant chacune 6 canons, avec tous leurs accessoires, caissons à munitions, fourgons, forges, etc.

Nous avons en outre 2 régiments de **pontonniers,** et plusieurs **compagnies du train** et du **train des équipages.**

Le **génie** est un corps spécial chargé de construire, de défendre ou d'attaquer les places fortes, et de faire sauter les ponts pour retarder la marche de l'ennemi. Il comprend 3 régiments.

Deux régiments font une **brigade,** commandée par un général de brigade.

Deux brigades forment une **division,** commandée par un général de division.

Plusieurs divisions de toutes armes réunies forment **un corps d'armée,** commandé par un général de division, qui prend le nom de **général commandant de corps.** Il y a 19 corps d'armée, dont un en Algérie.

Chaque corps est organisé de façon à former à lui seul une petite armée complète ; il a de l'infanterie, de la cavalerie, de l'artillerie et du génie, dans la proportion où ces diverses armes doivent être combinées de façon à former une armée de combattants.

Chaque régiment a un **drapeau,** sur lequel on lit cette belle devise : Devoir et patrie.

Les **auxiliaires** des combattants sont : 1º le **service de l'intendance,** chargé de l'approvisionnement et de la nourriture des troupes ; 2º le **service médical,** comprenant des médecins, des ambulanciers et des infirmiers.

RÉSUMÉ.

Le service militaire, sauf certains cas de dispense, est obligatoire pour tout Français valide de vingt à quarante ans.

*L'armée française comprend : l'armée active, la
réserve de l'armée active, l'armée territoriale et la
réserve de l'armée territoriale.*

*Il y a dans l'armée quatre armes différentes : l'in-
fanterie, la cavalerie, l'artillerie et le génie.*

EXERCICES.

1. Le service militaire est-il obligatoire?
2. Jusqu'à quel âge l'est-il ?
3. Qu'est-ce que l'armée active, la réserve de l'armée active, l'armée
territoriale et la réserve de l'armée territoriale?
4. Quelles sont les différentes armes de l'armée française ?
5. Qu'est-ce qu'un régiment? — Une brigade? — Une division ? —
Un corps d'armée?
6. Quelle est la devise inscrite sur les drapeaux français ?
7. Qu'est-ce que le service de l'intendance ?
8. Qu'est—ce que le service médical de l'armée ?

CHAPITRE VIII.

L'ARMÉE (*suite*).

Avec l'armée de terre, nous avons une **armée de mer**.
Elle comprend l'**infanterie de marine**, l'**artillerie de
marine**, le corps du **génie maritime**, les **officiers de
marine** et les **marins**.

Voici comment se recrutent les marins. Les habitants des
côtes, qui se livrent à la pêche ou à la navigation, sont **inscrits** sur des registres spéciaux, de dix-huit à cinquante
ans. Les **inscrits maritimes** doivent, en temps de paix,
faire, à partir de leur vingtième année, un service de trois
ans sur un navire de l'État; en temps de guerre, ils peuvent
être appelés jusqu'à cinquante ans, les célibataires d'abord,
puis les veufs sans enfants, puis les hommes mariés sans
enfants, enfin les pères de famille. En retour, les inscrits
maritimes ont seuls le droit de pêche et de navigation.

Les grades dans la marine sont aspirant, enseigne de

vaisseau, lieutenant de vaisseau, capitaine de frégate, capitaine de vaisseau, contre-amiral, qui équivaut à général de brigade, vice-amiral, qui équivaut à général de division, et amiral.

Les navires de guerre s'appellent, suivant leur importance, canonnière, aviso, frégate, vaisseau. Plusieurs navires de guerre, réunis sous les ordres d'un contre-amiral ou d'un vice-amiral, forment une **escadre**. Chaque bâtiment porte un **pavillon** aux couleurs nationales.

Pour préparer des officiers instruits, l'État entretient des écoles spéciales : l'**École polytechnique**, d'où sortent des sous-lieutenants d'artillerie et du génie ; l'**École de Saint-Cyr**, d'où sortent des officiers d'infanterie et de cavalerie ; l'**École de marine**, à Brest, d'où sortent des enseignes de vaisseau, et enfin une **École supérieure de guerre**, à Paris, et des **Écoles de sous-officiers**. On n'entre dans ces écoles qu'après un concours, et on n'en sort avec un grade qu'après des examens par lesquels on a prouvé sa capacité.

Bien que la hiérarchie militaire soit fortement constituée, l'égalité règne dans l'armée française, en ce sens que les grades ne sont pas des privilèges. Tout soldat peut prétendre aux plus hauts grades, à la seule condition d'en être digne par son instruction, sa conduite et son courage. Comme on l'a dit : Tout conscrit porte dans sa giberne son bâton de maréchal. Il ne s'agit que de le gagner.

L'armée de terre est placée sous les ordres du **Ministre de la Guerre** qui nomme les officiers.

L'armée de mer et les arsenaux où se fabriquent les navires sont placés sous l'autorité du **Ministre de la marine**.

RÉSUMÉ.

L'armée de mer comprend l'infanterie, l'artillerie de marine et le corps de la marine. Les marins sont fournis par les départements côtiers, dont les habitants sont soumis à l'inscription maritime.

L'État entretient des écoles militaires spéciales pour former des officiers instruits.

Tout soldat peut prétendre aux plus hauts grades, s'il en est digne.

L'armée de terre est sous l'autorité du ministre de la guerre; l'armée de mer sous celle du ministre de la marine.

EXERCICES.

1. De quoi est composée l'armée de mer ?
2. Comment se recrute la marine ? — Qu'est-ce que l'inscription maritime ?
3. Quels sont les grades dans la marine ?
4. Quels noms portent les navires de guerre ?
5. Qu'est-ce qu'une escadre ?
6. Quelles sont les principales écoles militaires ?
7. En quel sens a-t-on dit que tout conscrit porte dans sa giberne son bâton de maréchal ?
8. Qui nomme les officiers de l'armée de terre ?
9. Qui nomme ceux de la marine ?

CHAPITRE IX.

L'INSTRUCTION PUBLIQUE : L'ENSEIGNEMENT PRIMAIRE.

Notre **enseignement public** a trois degrés : l'**enseignement primaire**, l'enseignement **secondaire** et l'enseignement supérieur.

L'**enseignement primaire** est celui que vous recevez à l'école ; on l'appelle ainsi, parce qu'il comprend les premiers éléments de ce que tout homme et toute femme doit savoir dans un pays libre et civilisé comme la France : l'instruction morale et civique, la lecture et l'écriture, la langue et les éléments de la littérature française, la géographie, en particulier, celle de la France, l'histoire, en particulier celle de la France, des notions usuelles et élémentaires de droit et d'économie politique, les éléments des sciences naturelles, physiques et mathématiques, les travaux manuels et l'usage des outils des principaux métiers, les éléments du dessin, du modelage et de la musique, pour les garçons, la gymnastique et les exercices militaires, et, pour les filles, les travaux à l'aiguille. (Loi du 28 mars 1882.)

Il y a deux sortes d'écoles primaires : les **écoles primaires élémentaires** et les **écoles primaires supérieures**.

Depuis 1881, l'enseignement primaire est **gratuit** dans toutes les écoles publiques de France.

Depuis 1882, il est **obligatoire**. C'est là un grand progrès. La loi punit le père de famille qui ne nourrit pas ses enfants et celui qui les maltraite. Mais l'intelligence n'est-elle pas encore plus précieuse que le corps ? Et la société n'a-t-elle pas intérêt à ce que tous les citoyens soient instruits ? On a donc fait pour tous les parents une obligation légale de faire instruire leurs enfants. Ils peuvent les faire instruire chez eux ou dans les écoles publiques, ou dans les écoles libres.

Les enfants instruits dans la maison paternelle doivent subir chaque année, de huit à treize ans, un examen public.

Les autres, et ce sont de beaucoup les plus nombreux, doivent aller à l'école de six à treize ans ; ils peuvent n'y plus aller à onze ans, si à cette époque ils ont obtenu leur **certificat d'études**.

Les parents qui refusent de faire donner l'instruction à leurs enfants, ou qui ne se soumettent pas aux conditions fixées par la loi, peuvent être condamnés suivant les cas par la commission scolaire, chargée de veiller à l'application de la loi sur l'enseignement obligatoire, ou par le juge de paix, soit à l'inscription, pendant quinze jours ou un mois, à la porte de la mairie, de leurs noms, prénoms et qualités; avec mention du fait relevé contre eux, soit à une amende de un à quinze francs, soit même à un emprisonnement de un à cinq jours.

Toute commune doit avoir des écoles.

L'instruction primaire est donnée par des **instituteurs** et des **institutrices**.

Pour être instituteur, il faut avoir subi un examen et obtenu un **brevet de capacité**.

On prépare des instituteurs et des institutrices dans les **écoles normales primaires**. Chaque département doit avoir une école normale de garçons et une école normale de filles.

Il y a au chef-lieu de chaque département un **inspecteur d'Académie**, et, dans chaque arrondissement, au moins un **inspecteur primaire**.

Les instituteurs et les institutrices sont nommés par le préfet, sur la présentation de l'inspecteur d'Académie.

RÉSUMÉ.

L'enseignement primaire comprend les connaissances élémentaires que tout citoyen doit posséder dans une société civilisée.

L'enseignement primaire est gratuit et obligatoire.

Le père de famille ou le tuteur qui se refuserait à faire donner l'enseignement primaire à ses enfants ou pupilles, serait puni par la loi.

L'enseignement primaire est donné dans toutes les communes par des instituteurs et des institutrices, pourvus du brevet de capacité et nommés par le préfet, sur la proposition de l'inspecteur d'Académie.

EXERCICES.

1. Quelles sont les matières de l'enseignement primaire?
2. Combien y a-t-il d'espèces d'écoles primaires?
3. Depuis quelle époque l'enseignement primaire est-il gratuit en France?
4. Depuis quand est-il obligatoire?
5. Quelles sont les principales dispositions de la loi sur l'obligation de l'enseignement primaire?
6. Qu'est-ce que l'examen du certificat d'études?

7. Qu'est-ce que le brevet de capacité ?

8. Qu'est-ce que les écoles normales d'instituteurs et d'institutrices ?

9. Par qui, et sur la présentation de qui sont nommés les instituteurs et les institutrices ?

CHAPITRE X.

L'INSTRUCTION PUBLIQUE : L'ENSEIGNEMENT SECONDAIRE.

Au-dessus de l'enseignement primaire est l'**enseignement secondaire**, qui se divise en **enseignement classique** et en **enseignement spécial**. Je ne puis vous en faire connaître en détail toutes les matières ; c'est la littérature, les langues étrangères, l'histoire, la géographie, les sciences naturelles, physiques et mathématiques, et, dans l'enseignement classique, les langues mortes, grec et latin, qu'on n'apprend pas dans l'enseignement spécial.

L'enseignement classique conduit aux grandes écoles du gouvernement, **École polytechnique**, **École normale supérieure**, **École centrale**, **École de Saint-Cyr**, **École de marine**, etc. ; il conduit aussi aux études spéciales sans lesquelles on ne peut être médecin, avocat, professeur, etc.

On le donne dans les **lycées** et les **collèges**. Les lycées sont des établissements de l'État ; les collèges sont des établissements municipaux.

On reste d'ordinaire dans l'enseignement secondaire jusqu'à dix-sept ou dix-huit ans. A la fin des études classiques on peut se présenter au **baccalauréat** et obtenir le grade de bachelier, — **bachelier ès lettres**, **bachelier ès sciences, bachelier de l'enseignement spécial**, — nécessaire pour l'entrée des grandes écoles, pour l'accès de certaines professions et pour les études de l'enseignement supérieur dont nous parlerons bientôt.

L'enseignement secondaire n'est pas gratuit. On ne paie rien à l'école primaire ; on paie dans les lycées et dans les collèges.

Mais les études secondaires et toutes les carrières auxquelles elles aboutissent ne sont pas interdites aux enfants sans fortune. Dans une société démocratique comme la nôtre, si vous êtes intelligents et laborieux, l'absence de fortune ne doit pas pouvoir vous arrêter. La société a intérêt à ce que les enfants bien doués deviennent des hommes instruits. Aussi a-t-elle créé dans ses lycées et collèges des **bourses** en faveur des enfants qui donnent des espérances, mais que leurs parents n'auraient pas le moyen de mettre au collège ou au lycée.

Ces bourses, on les gagne par le travail et par le mérite.

On forme des professeurs de l'enseignement secondaire à l'**École normale supérieure**, à Paris, et dans les **Facultés des sciences** et **des lettres**.

RÉSUMÉ.

L'enseignement secondaire se divise en enseignement classique et en enseignement spécial. L'enseignement classique est caractérisé par l'étude des langues mortes, grec et latin.

L'enseignement secondaire se donne dans les lycées et les collèges.

L'État, les départements et les villes entretiennent dans les lycées et les collèges un certain nombre de bourses, accordées, après un examen, aux enfants sans fortune.

EXERCICES.

1. Qu'est-ce que l'enseignement secondaire ? — Quelles en sont les principales matières ?

2. En quoi l'enseignement secondaire classique diffère-t-il de l'enseignement secondaire spécial ?

3. Quelles sont les écoles du gouvernement auxquelles conduit l'enseignement secondaire ?

4. Qu'est-ce que les lycées et les collèges ?

5. Combien y a-t-il d'espèces de baccalauréats ?

6. L'enseignement secondaire est-il gratuit comme l'enseignement primaire ?

7. Qu'est-ce que les bourses ? — Comment les obtient-on ?

8. Où se forment les professeurs de l'enseignement secondaire ?

CHAPITRE XI.

L'INSTRUCTION PUBLIQUE : L'ENSEIGNEMENT SUPÉRIEUR.

Au-dessus de l'enseignement secondaire est l'**enseignement supérieur**. L'enseignement supérieur est confié aux hommes les plus savants et il a pour but de former des savants.

On le donne dans les **Facultés**. Il y a 5 sortes de Facultés : les **Facultés de Théologie catholique** et **protestante**, les **Facultés de Droit**, les **Facultés de Médecine**, les **Facultés des Sciences** et les **Facultés des Lettres**.

Outre les Facultés, nous avons à Paris d'autres établissements d'enseignement supérieur, le **Collège de France** et le **Muséum d'histoire naturelle**.

L'enseignement supérieur n'est pas un luxe pour une nation ; c'est un objet de première nécessité. Il faut des médecins, des avocats, des chimistes, des physiciens, des naturalistes, des mathématiciens, des historiens, des géographes, des philosophes, des littérateurs. C'est dans les Facultés qu'ils se forment ; c'est dans les Facultés qu'ils travaillent. Ils transmettent à leurs élèves les découvertes les plus importantes de la science, et ils travaillent à en faire eux-mêmes de nouvelles.

Les Facultés confèrent les grades de **bachelier**, de **licencié** et de **docteur**.

L'enseignement supérieur est gratuit ; mais comme les

établissements d'enseignement supérieur ne reçoivent que des externes, on a créé récemment des **bourses de Faculté**, en faveur des étudiants sans fortune qui se sont distingués par leurs capacités et leur bonne conduite.

Vous le voyez donc nulle part le manque de fortune n'est un obstacle quand on a l'intelligence et la bonne volonté. Au sortir de l'école primaire, vous pouvez devenir boursier de lycée, et au sortir du lycée, boursier de Faculté. En échange de ces avantages, la société ne vous demande que d'être un jour des citoyens instruits et utiles à leur pays.

L'Institut de France n'est pas un établissement d'enseignement public ; c'est une réunion de littérateurs, de poètes, d'historiens, de savants, d'érudits, d'artistes qui se sont distingués par leurs travaux. Il comprend l'**Académie française**, l'**Académie des sciences**, l'**Académie des Sciences morales et politiques**, l'**Académie des Inscriptions et Belles-Lettres** et l'**Académie des Beaux-Arts**.

L'instruction publique est sous l'autorité du **Ministre de l'Instruction publique** assisté du **Conseil supérieur**. Le ministre a sous ses ordres les **recteurs** assistés chacun d'un **Conseil académique**, les **inspecteurs généraux** et les **inspecteurs d'Académie**. Les professeurs sont nommés les uns par le Ministre, les autres par le Président de la République.

Il n'y a pas en France que les écoles publiques. Tout citoyen qui a les grades nécessaires et qui satisfait aux conditions fixées par la loi, peut ouvrir une **école primaire libre** ou un **établissement libre d'enseignement secondaire** ou même une **Faculté libre**.

RÉSUMÉ.

L'enseignement supérieur, qui se donne dans les Facultés, au Collège de France et au Muséum d'histoire naturelle, a pour objet les parties les plus élevées des sciences et des lettres.

Les Facultés confèrent les grades de bachelier, de licencié et de docteur.

L'État entretient dans les Facultés un certain nombre de boursiers.

L'instruction publique dépend du ministre de l'instruction publique.

Outre les établissements publics d'instruction, il y a des écoles libres dirigées par des particuliers.

EXERCICES.

1. Qu'est-ce que l'enseignement supérieur ? Où le donne-t-on ?
2. Combien y a-t-il d'espèces de Facultés ?
3. Quels sont les grades conférés par elles ?
4. Qu'est-ce que les bourses de Faculté ?
5. Qu'est-ce que l'Institut de France ? — Quelles Académies comprend-il ?
6. Sous l'autorité de qui est placée l'instruction publique ?
7. Un particulier peut-il tenir une école ?

CHAPITRE XII.

LES TRAVAUX PUBLICS, L'AGRICULTURE,
LE COMMERCE,
LES POSTES ET LES TÉLÉGRAPHES.

Certains travaux publics d'une utilité générale s'exécutent sous la direction et aux frais de l'État ; tels sont les travaux des ports, la construction et l'entretien des canaux, des routes nationales et de certaines lignes de chemins de fer. La plupart des chemins de fer ont été construits et sont entretenus et exploités par des **compagnies particulières**, comme les compagnies de l'Ouest, d'Orléans, du Nord, de Paris-Lyon-Méditerranée ; mais ces lignes reviendront un jour à l'État.

Pour faire exécuter les travaux publics dont il a la charge, l'État a des **ingénieurs**, sortis pour la plupart de l'École polytechnique, et des **conducteurs des ponts et chaussées**.

Les ingénieurs et leurs subordonnés sont sous les ordres du **ministre des travaux publics**.

Le service des chemins vicinaux, c'est-à-dire des chemins qui mettent en communication les communes qui ne sont pas reliées entre elles par les routes nationales, est confié aux **agents-voyers**. Il y a un **agent-voyer chef** au chef-lieu du département, et des **agents-voyers d'arrondissement**. Les agents-voyers ne sont pas des employés de l'État : ce sont des agents départementaux, placés, à ce titre, sous les ordres du préfet.

AGRICULTURE. — L'État veille aux intérêts généraux de l'agriculture. **Le ministre de l'agriculture** organise, avec l'aide des **inspecteurs généraux de l'agriculture** placés sous ses ordres, des concours agricoles où l'on décerne des prix aux plus beaux bestiaux, aux plus beaux produits du sol, aux meilleures machines.

Il a sous son autorité l'**Institut agronomique** de Paris, les écoles régionales d'agriculture, les **écoles vétérinaires** de Lyon, d'Alfort et de Toulouse.

A ce ministère se rattache l'**administration des forêts de l'État**, confiée à un directeur général, à des inspecteurs, des sous-inspecteurs et des gardes généraux qui sortent de l'École forestière de Nancy.

COMMERCE. — Les progrès du commerce et de l'industrie dépendent surtout de l'initiative privée ; mais l'État peut et doit les favoriser. Nous ne consommons pas tous nos produits en France : nous en exportons à l'étranger ; inversement nous consommons des produits étrangers. Les droits que payent les produits étrangers à leur entrée en France, et les produits français à leur entrée dans les pays étrangers sont réglés par des traités de commerce. Vous voyez aisément quelle influence ces traités peuvent avoir sur le développement de notre industrie et de notre commerce. Ces traités sont préparés par un ministère spécial, le **ministère du commerce**, qui organise encore les expositions des produits de l'industrie.

Au ministère du commerce se rattachent plusieurs écoles, le **Conservatoire des arts et métiers** à Paris, et les **écoles d'arts et métiers** d'Aix, d'Angers et de Châlons.

POSTES ET TÉLÉGRAPHES. — La transmission des correspondances par la poste et par le télégraphe est un service public placé sous l'autorité du **ministre des postes et des télégraphes**. Il y a, dans chaque département, **un directeur des postes et des télégraphes** qui a sous ses ordres des **receveurs** et des **facteurs**.

Les femmes peuvent être employées dans ce service.

Le ministère des postes et télégraphes veille à l'amélioration constante de cet important service. Ainsi on a récemment créé des **caisses d'épargne postales**. Pour avoir un livret de caisse d'épargne, il n'est plus besoin d'aller à la ville ; il suffit de s'adresser au bureau de poste le plus voisin.

RÉSUMÉ.

Le ministère des travaux publics fait exécuter aux frais de l'État les grands travaux d'utilité publique.

Le ministère de l'agriculture veille aux intérêts généraux de l'agriculture.

Le ministère du commerce veille aux intérêts généraux du commerce et de l'industrie.

Le ministère des postes et télégraphes dirige le service des correspondances échangées soit par la poste, soit par le télégraphe.

EXERCICES.

1. Quelle est la fonction du ministère des travaux publics?
2. Quels sont les principaux fonctionnaires de ce ministère?
3. Les agents-voyers sont-ils des fonctionnaires de l'État ?
4. Quelle est la fonction du ministère de l'agriculture?

5. Quelles sont les principales écoles dépendant de ce ministère ?
6. Quelle est la fonction du ministère du commerce ?
7. Quelles sont les principales écoles dépendant de ce ministère ?
8. Quelle est la fonction du ministère des postes et télégraphes ?
9. Qu'est-ce que les caisses d'épargne postales ?

CHAPITRE XIII.

LES AFFAIRES ÉTRANGÈRES ET L'INTÉRIEUR.

La France n'est pas seule au monde. Tous les Français ne sont pas en France.

La France a des relations avec les autres nations du monde. Ces relations sont politiques ou commerciales.

Au point de vue politique, nous avons un intérêt de premier ordre à savoir ce qu'on pense à Berlin, à Londres, à Saint-Pétersbourg, à Rome, à Vienne, etc. Pour cela, nous entretenons auprès des diverses puissances étrangères des **agents diplomatiques, ambassadeurs** et **ministres plénipotentiaires.**

Au point de vue commercial, les Français qui vont à l'étranger pour leurs affaires ont parfois besoin d'être protégés. Pour cela, nous avons, dans les principales villes du monde, des **consuls.**

De même les puissances étrangères ont des représentants auprès du gouvernement français et des consuls dans la plupart de nos grandes villes, surtout dans les villes maritimes.

Un ambassadeur ou un consul sont, hors de leur pays natal, les représentants de ce pays. Qui s'attaquerait à eux s'attaquerait à leur nation. Leur demeure est inviolable. Ainsi le gouvernement prussien ne pourrait pas plus faire arrêter un individu qui aurait trouvé asile chez l'ambassadeur de France, que s'il s'était réfugié sur le territoire français.

Les ambassadeurs, les ministres plénipotentiaires et les

consuls sont placés sous l'autorité du **ministre des affaires étrangères.**

INTÉRIEUR. — Les préfets relèvent du **ministre de l'intérieur.** Le ministère de l'intérieur, comme son nom l'indique, s'occupe de l'administration intérieure de la France, sauf des services confiés à des ministres spéciaux, comme l'instruction publique, les travaux publics, les postes, les finances, etc.

Le ministre de l'intérieur a dans ses attributions le **service des prisons** et le **service de la sûreté générale,** ou police générale de la France.

C'est sur la proposition du ministre de l'Intérieur que sont nommés les préfets et les sous-préfets.

RÉSUMÉ.

Le ministère des affaires étrangères a pour mission de veiller aux intérêts politiques et commerciaux de la France à l'étranger.

Le ministère de l'intérieur s'occupe de l'administration intérieure de la France.

EXERCICES.

1. Pourquoi avons-nous un ministère des affaires étrangères ?
2. Qu'est-ce qu'un ambassadeur ?
3. Qu'est-ce qu'un consul ?
4. Quelles sont les principales attributions du ministre de l'intérieur ?

CHAPITRE XIV.

LES CULTES ET LES BEAUX-ARTS.

Il n'y a plus en France de religion d'État. Tous les **cultes** sont libres ; chaque citoyen peut pratiquer la religion que sa conscience lui fait choisir. Mais il est des cultes reconnus par l'État et dont les ministres reçoivent un traitement de l'État : ce sont les cultes **catholique**, **protestant** et **israélite**.

Les ministres du culte israélite sont les **rabbins**.

Les ministres du culte protestant sont les **pasteurs**. Chaque pasteur est assisté d'un **conseil presbytérial** ou de paroisse dont les membres sont élus par les fidèles ; cinq paroisses réunies forment la juridiction d'un **consistoire** ou **synode**. Un conseil central élu représente à Paris les églises protestantes auprès du Gouvernement.

Le culte catholique est organisé autrement. Au point de vue spirituel, il a un chef suprême, le **pape**, qui réside à Rome. En 1801 le pape et le gouvernement français ont conclu un traité appelé **concordat**, qui règle encore les rapports de l'État français avec l'Église catholique en France.

Aux termes de ce traité, le chef de l'État nomme les **archevêques** et les **évêques**, et le pape les agrée ; — les évêques nomment les **curés** de canton et le gouvernement les agrée. Outre les curés, il y a dans un très grand nombre de communes des ministres du culte catholique appelés **desservants**, qui sont nommés par l'évêque du diocèse, sans que leur nomination soit soumise à l'agrément du gouvernement.

Dans chaque paroisse il y a un **conseil de fabrique**, qui administre les biens et les revenus de la paroisse sous la double autorité de l'évêque et du préfet.

L'administration des cultes relève du ministère des cultes, qui est rattaché tantôt au ministère de la justice, tantôt à celui de l'intérieur, tantôt à celui de l'instruction publique.

LES BEAUX-ARTS. — Les **beaux-arts**, peinture, sculpture, musique, architecture, ne peuvent être administrés comme le sont par exemple les finances et les travaux publics. Le talent artistique est un don de la nature qui demande à se développer en liberté. Mais l'État encourage les arts et les artistes.

Il a des écoles où se forment des peintres, des sculpteurs, des graveurs, des architectes, des musiciens, des comédiens, des tragédiens : à Paris, l'**École des beaux-arts**, le **Conservatoire de musique et de déclamation** ; dans les départements, les **Écoles régionales des beaux-arts**.

Il a des **musées** où l'on conserve les plus belles œuvres de la peinture et de la sculpture, les **musées du Louvre** et du **Luxembourg** ; il a des **palais** construits par de grands architectes ; il a des théâtres, l'**Opéra**, le **Théâtre-Français**, où l'on représente les chefs-d'œuvre de la musique et de la littérature dramatique.

Enfin, il récompense les artistes qui se sont distingués dans les **expositions**.

Ce service est confié au **ministère des beaux-arts**, qui est le plus souvent rattaché au ministère de l'instruction publique.

RÉSUMÉ.

L'exercice des cultes est libre. Les cultes reconnus par l'État sont le culte catholique, le culte protestant et le culte israélite.

Les ministres des différents cultes reçoivent un traitement de l'État.

Les rapports de l'Église catholique en France et de l'État sont réglés par le concordat.

Le ministère des beaux-arts, rattaché d'ordinaire au ministère de l'instruction publique, a dans ses attributions l'École des beaux-arts, le Conservatoire, les musées, les palais et les théâtres nationaux.

EXERCICES.

1. Y a-t-il encore en France une religion d'État ?
2. Quels sont les cultes reconnus par l'État ?
3. Comment appelle-t-on les ministres du culte israélite ?
4. Quelle est l'organisation du culte protestant ?
5. Quelle est l'organisation du culte catholique ?
6. Qu'est-ce qu'un conseil de fabrique ?
7. Qu'est-ce que le Concordat ?
8. Quelles sont les attributions du ministère des beaux-arts ?

CHAPITRE XV.

LES FINANCES : LES IMPOTS.

Pour faire marcher les services publics, il faut de l'argent,
beaucoup d'argent. L'entretien de l'armée, par exemple,
coûte chaque année à lui seul 571 millions.

Qui fournira cet argent ? — Évidemment ceux qui profitent ou peuvent profiter des services publics, c'est-à-dire
tous les citoyens.

Nous avons dit, en morale, pourquoi les citoyens doivent
payer l'impôt. Nous ne reviendrons pas sur cette question.
Nous avons simplement à dire ici quelles sont les différentes
sortes d'impôts.

Il y a deux catégories d'impôts : les **impôts directs** et
les **impôts indirects**. Les premiers sont versés directement par les contribuables dans le trésor public ; les autres,
qui frappent les marchandises, sont versés au Trésor par les
fabricants, les commerçants, les débitants ; ceux-ci les font
ensuite payer en détail aux acheteurs et aux consommateurs, en augmentant le prix de leurs marchandises.

Les **contributions directes** sont :

1º La **contribution personn elle**. — Elle est due
par chaque habitant non indigent ; elle équivaut au prix
de trois journées de travail ; elle varie suivant les départements.

2º La **contribution mobilière**. — Elle est déterminée
d'après la valeur de la maison qu'on habite.

3º La **contribution foncière**. — Elle est payée par
les propriétaires d'immeubles bâtis et non bâtis, proportion-
nellement à la valeur de ces immeubles. On appelle cadastre
le tableau de toutes les propriétés de France. Le plan cadas-
tral de chaque commune est déposé à la mairie où tout le
monde peut le consulter.

4º La **contribution des portes et fenêtres**. — Elle

frappe les ouvertures des habitations et est le plus souvent payée par les locataires.

5° Enfin, la **contribution des patentes.** — Tout commerçant, tout industriel paie patente. La patente varie suivant l'importance du commerce ou de l'industrie.

Les **contributions indirectes** sont les **impôts de consommation** et les **droits de douane.**

Certains objets de consommation, comme le vin, l'eau-de-vie, le cidre, la bière, le sel, la bougie, etc., sont soumis à des **droits.** Il n'est pas possible de les faire payer directement par les consommateurs ; ce serait beaucoup trop compliqué. On les fait payer en gros ou par les fabricants ou par les débitants, et ceux-ci se les font rembourser par les acheteurs et consommateurs en augmentant le prix de la marchandise. Ainsi vous payez un litre de vin chez un débitant 70 centimes. Ces 70 centimes ne représentent pas seulement la valeur du litre de vin et le bénéfice du marchand, mais encore le droit qu'il a payé.

Les marchandises et les denrées qui nous viennent de l'étranger paient des droits à leur entrée en France ; ce sont les **droits de douane.** Naturellement les marchands qui les ont acquittés se les font rembourser, toujours de la même façon, en augmentant le prix de la marchandise.

De même pour les **droits d'octroi** payés à l'entrée de certaines villes.

A cet impôt, il faut ajouter les **droits d'enregistrement** et de **timbre.**

Vous achetez un champ ou une maison. L'acte de vente doit être transcrit sur un registre public ; cet **enregistrement** est soumis à un droit. — Vous faites un bail ; ce bail doit être enregistré ; — vous faites un héritage ; il faut payer des **droits de mutation** proportionnés à l'importance de l'héritage et à votre degré de parenté avec la personne dont vous héritez.

Le **timbre** est une marque imprimée par l'État sur le papier dont on est obligé de se servir pour certains actes. Ainsi les actes de vente, les baux, les effets de commerce, etc., doivent être écrits sur **papier timbré.**

RÉSUMÉ.

Les impôts directs sont : la contribution person-
nelle, la contribution mobilière, la contribution fon-
cière, la contribution des portes et fenêtres et la con-
tribution des patentes.

Les impôts indirects sont : les impôts de consomma-
tion, les droits de douane, les droits d'octroi, les droits
d'enregistrement et de timbre.

EXERCICES.

1. Quelle différence y a-t-il entre les impôts directs et les impôts indirects ?
2. Qu'est-ce que la contribution personnelle ?
3. Qu'est-ce que la contribution mobilière ?
4. Qu'est-ce que la contribution foncière ?
5. Qu'est-ce que la contribution des portes et fenêtres ?
6. Qu'est-ce qu'une patente ?
7. Qu'est-ce que les impôts de consommation ?
8. Qu'est-ce que les droits de douane ?
9. Qu'est-ce que les octrois ?
10. Qu'est-ce que l'enregistrement ?
11. Qu'est-ce que le timbre ?

CHAPITRE XVI.

LES FINANCES : LA PERCEPTION DES RECETTES.

Pour **percevoir** tous ces impôts, il faut des fonctionnaires ; les uns ne reçoivent que les contributions directes ;
les autres perçoivent les contributions indirectes. Voici
comment se fait le **recouvrement des impôts.**

Commençons par les impôts directs : chaque année, au
mois de février ou de mars, chaque contribuable reçoit un
avertissement où est inscrit le chiffre de ses contributions directes. S'il se trouve trop ou indûment imposé, il peut

adresser une réclamation au sous-préfet ou au préfet ; cette réclamation est jugée par le conseil de préfecture.

Les impôts directs doivent être versés directement par les contribuables chez le **percepteur** ; celui-ci verse les sommes qu'il a reçues dans la caisse du **receveur particulier**, au chef-lieu de chaque arrondissement ; les fonds encaissés par les recettes particulières sont centralisés au chef-lieu du département par le **trésorier payeur général**.

La perception des impôts indirects est plus compliquée.

Pour les **impôts de consommation**, les **employés de la régie** vont chez les marchands et constatent quelle quantité de marchandises soumises aux droits ils ont en magasin ; ils délivrent des **acquits à caution** pour la circulation des boissons ; la perception des droits d'octroi se fait dans des **bureaux** établis à l'entrée des villes.

La surveillance de l'entrée des marchandises étrangères et la perception des droits dont elles sont frappées se fait par le **corps des douanes**.

L'enregistrement a lieu dans les **bureaux de l'enregistrement** ; le papier timbré se vend dans les **bureaux du timbre** et chez les **receveurs buralistes**.

Il y a au chef-lieu de chaque département un **directeur des contributions directes**, un **directeur des contributions indirectes**, un **directeur de l'enregistrement et du timbre**, et dans certains départements un **directeur des douanes**.

Tous les agents préposés à la perception des impôts, sauf les employés de l'octroi qui dépendent des municipalités, sont sous les ordres du **ministre des finances**.

Tous les employés des finances doivent tenir un compte exact des recettes qu'ils opèrent. Ils se contrôlent les uns les autres : ainsi le receveur particulier contrôle les percepteurs ; le trésorier payeur général contrôle les receveurs particuliers. En outre, certains agents spéciaux, **contrôleurs, inspecteurs des finances**, vérifient de temps en temps les écritures et les caisses des comptables publics.

Il est donc bien difficile, avec toutes ces précautions, que l'argent des contribuables n'aille pas à l'État et reste aux mains de ceux qui le perçoivent.

Mais ce n'est pas tout. S'il s'est glissé quelque erreur dans les écritures des comptables publics, et qu'elle ait échappé aux yeux des contrôleurs et des inspecteurs, il est probable qu'elle n'échappera pas au contrôle de la **Cour des comptes**.

Cette cour, qui siège à Paris, a pour fonction d'examiner toutes les opérations des fonctionnaires qui ont le maniement des deniers publics, qu'il s'agisse des fonds de l'État, des départements ou des communes. Quand elle découvre quelque erreur dans les écritures des comptables publics, elle leur fait **injonction** d'avoir à la réparer.

RÉSUMÉ.

Les impôts directs sont reçus par les percepteurs, les receveurs particuliers et les trésoriers-payeurs généraux.

Les impôts indirects sont perçus par la régie, par l'administration des douanes, par l'administration de l'enregistrement et du timbre.

Les écritures des comptables publics sont vérifiées par des contrôleurs, des inspecteurs et par la Cour des comptes.

EXERCICES.

1. Qu'est-ce que le percepteur, le receveur particulier et le trésorier-payeur général ?
2. Qu'est-ce que la régie ?
3. Qu'est-ce que l'administration des douanes ?
4. Qu'est-ce que l'administration de l'enregistrement et du timbre ?
5. Montrez quelles précautions sont prises pour empêcher toute malversation dans le maniement des deniers publics.
6. Qu'est-ce que la Cour des comptes ?

CHAPITRE XVII.

LES FINANCES : LE PAIEMENT DES DÉPENSES.

Voyons maintenant **comment se paient les dépenses publiques.**

Aucun impôt direct ou indirect ne peut être perçu s'il n'a été voté par les représentants des contribuables, c'est-à-dire par les Chambres, ou par les conseils généraux ou par les conseils municipaux, selon qu'il s'agit des fonds de l'État, des fonds départementaux ou des fonds communaux. De même aucune dépense ne peut être faite sans avoir été autorisée par ceux qui votent l'impôt.

Les dépenses publiques sont payées sur les recettes publiques. De quelle façon ?

Prenons un exemple fort simple. Votre instituteur et votre institutrice sont des fonctionnaires publics. Ils ont un **traitement** fixé par la loi. Pour le toucher, leur suffit-il de se présenter purement et simplement à la caisse du percepteur, comme vos parents vont demander de l'argent à ceux qui leur en doivent ? Pas du tout. Quand il s'agit de l'argent de tout le monde, il faut des garanties.

Voici comment les choses se passent. A la fin de chaque mois, le supérieur de votre instituteur ou de votre institutrice, M. l'inspecteur d'Académie, dresse un **état** de la somme qui leur est due ; ce certificat est transmis au préfet ; après en avoir pris connaissance, le préfet signe, au nom de l'instituteur ou de l'institutrice, un **mandat**, c'est-à-dire un véritable ordre de paiement. Muni de ce mandat, l'instituteur ou l'institutrice vont chez le percepteur qui leur paie leur traitement et ils signent un **reçu** de la somme qu'ils ont touchée.

Vous le voyez, le percepteur ne paie que sur l'ordre d'un autre fonctionnaire qui a le droit de lui donner cet ordre.

S'agit-il maintenant de **dépenses à payer à des par-**

ticuliers, que de précautions on prend pour s'assurer que l'argent des contribuables sera bien employé ! On a reconstruit récemment votre école : c'était une dépense publique. Un **architecte** a d'abord dressé les plans : ces plans ont été approuvés par le Conseil municipal, puis par le ministre de l'instruction publique ; le conseil a voté les fonds nécessaires à la dépense ; le ministère y a contribué par une **subvention.**

Une fois les **plans et devis** approuvés, on les a mis en **adjudication.** Différents entrepreneurs se sont présentés, et c'est celui qui a proposé de faire les travaux au meilleur marché qui en a été chargé.

L'exécution des travaux a été surveillée par un architecte ; au fur et à mesure qu'ils s'avançaient, l'entrepreneur présentait des **mémoires** ; l'architecte les vérifiait et les visait, et sur son visa, le maire ou le préfet signait des mandats au nom de l'entrepreneur. Avec ces mandats l'entrepreneur allait se faire payer chez le percepteur ou chez le receveur, mais on avait soin de lui retenir une certaine somme, qui est restée là comme **garantie,** jusqu'à l'exécution entière et la réception des travaux.

Dites-moi maintenant s'il est aussi facile que le répètent souvent les ignorants, de voler les deniers publics ?

RÉSUMÉ.

Les dépenses publiques ne sont payées par les percepteurs et par les receveurs que sur la production de mandats ou d'ordonnances de payement délivrés par certains fonctionnaires appelés pour cela ordonnateurs des dépenses. Les mandats et les ordonnances de paiement doivent être accompagnés de pièces justificatives.

EXERCICES.

1. Où sont payées les dépenses publiques ?
2. Comment se paient les traitements des fonctionnaires ?
3. Comment se paient les mémoires des particuliers ?

CHAPITRE XVIII.

LES POUVOIRS PUBLICS : LA CONSTITUTION DE 1875.

Nous avons vu dans les précédents chapitres comment les ministres nomment ou font nommer aux fonctions publiques. Mais les ministres, qui les nomme ?

— C'est le **Président de la République**.

— Et le Président de la République, qui le nomme ?

— C'est le **Congrès** ou **Assemblée nationale**, composée du **Sénat** et de la **Chambre des députés**.

— Et en vertu de quoi le Sénat et la Chambre réunis nomment-ils le Président de la République ?

— En vertu de la **Constitution de 1875**.

Nous voilà ainsi amenés à exposer l'organisation des **pouvoirs publics**.

La **Constitution** est la loi fondamentale du pays ; elle en fixe le régime politique ; elle règle les attributions et les rapports des différents pouvoirs publics. La Constitution sous laquelle nous vivons a été votée en **1875**.

La **République** est la forme de notre gouvernement. Dans une république, la souveraineté appartient à tous les citoyens ; l'État est la chose de tous ; tous participent soit directement, soit indirectement au gouvernement de l'État ; l'autorité est déléguée pour un temps à certains citoyens par les autres citoyens ; s'ils n'en ont pas usé à la satisfaction du plus grand nombre des citoyens, elle passe à d'autres qui en paraissent plus dignes.

Dans une **monarchie**, au contraire, l'autorité suprême est aux mains d'un seul homme, le roi ou le monarque, qui la transmet comme un héritage à son fils. Tantôt l'autorité du monarque est **absolue**, et n'est contrôlée par personne ; tantôt auprès du roi se trouvent une ou deux Chambres représentant le pays ; dans ce cas, la monarchie est **parlementaire**, comme en Angleterre.

Les pouvoirs publics établis en France par la Constitution de 1875 sont :

La Chambre des députés et le **Sénat**, ou **pouvoir législatif** ; c'est-à-dire le pouvoir qui fait les lois.

Le **Président de la République**, ou pouvoir exécutif, c'est-à-dire le pouvoir qui fait exécuter les lois.

La Constitution de 1875 a consacré la **séparation des pouvoirs**. Il ne serait pas bon que le pouvoir législatif et le pouvoir exécutif fussent entre les mêmes mains. Celui qui fait la loi ne doit pas être chargé en même temps de la faire exécuter ; celui qui la fait exécuter ne doit pas être chargé de la faire. Autrement tous les abus seraient à craindre. Au contraire, avec la séparation des pouvoirs, le pouvoir limite le pouvoir et en prévient les excès.

RÉSUMÉ.

La Constitution est la loi fondamentale qui fixe le régime politique du pays. Notre Constitution a été votée en 1875.

Elle a reconnu que la République était la forme du gouvernement de la France.

Elle a confié le pouvoir législatif à deux Chambres, le Sénat et la Chambre des députés, et le pouvoir exécutif au Président de la République.

EXERCICES.

1. Qu'est-ce qu'une Constitution ?
2. De quand date la Constitution de la France ?
3. Qu'est-ce que le gouvernement républicain ?
4. Qu'est-ce que le pouvoir législatif ?
5. Qu'est-ce que le pouvoir exécutif ?
6. Qu'appelle-t-on séparation des pouvoirs ?

CHAPITRE XIX.

LA CHAMBRE DES DÉPUTÉS, LE SÉNAT.

La **Chambre des députés** est nommée directement, pour quatre ans, par le suffrage universel, au scrutin d'arrondissement. Chaque arrondissement élit un député ; les arrondissements qui ont plus de cent mille habitants sont divisés en plusieurs circonscriptions, nommant chacune un député. Le nombre des députés varie donc suivant la population.

Le nombre des **sénateurs** est de 300. Sur ces 300, 75 ont été élus à vie en 1875 par l'**Assemblée nationale**, après le vote de la Constitution. On les appelle **inamovibles.** Quand il meurt un sénateur inamovible, il est remplacé par un autre sénateur élu à vie par le Sénat tout entier. Les 225 autres sénateurs sont élus par un corps électoral spécial qui se réunit au chef-lieu du département, et qui comprend les députés, les conseillers généraux, les conseillers d'arrondissement et les **délégués** des communes du département, élus, un dans chaque commune, par les conseils municipaux. Les sénateurs sont élus pour neuf ans ; mais le renouvellement du Sénat n'est que partiel ; il se fait par tiers tous les trois ans.

Tout citoyen qui n'est pas privé de ses droits politiques est **éligible** à la Chambre des députés à vingt-cinq ans, et au Sénat à quarante.

Le Sénat et la Chambre font les **lois.** Une loi, pour être exécutoire, doit avoir été votée par les deux Chambres ; si elle est votée par l'une et rejetée par l'autre, elle n'a pas force de loi.

Tout député, tout sénateur a le droit de présenter des **projets de loi.**

Chaque année les Chambres votent la **loi de finances** ou le **budget** pour l'année suivante. C'est là une de leurs plus importantes prérogatives. La loi de finances fixe les **recettes**, et par suite les **impôts** qui peuvent être perçus sur le territoire de la République ; elle fixe les dépenses nécessaires à l'entretien des services publics.

Aucune recette ne peut être effectuée, aucune dépense ne peut être faite, si elle n'a été votée et autorisée par les Chambres.

La loi de finances doit être présentée en premier lieu à la Chambre des Députés, et votée par elle, parce que les deputés sont les représentants directs des électeurs qui paient l'impôt.

En revanche le Sénat a quelques attributions particulières :

Le Président de la République ne peut dissoudre la Chambre des députés avant l'expiration de son mandat, sans l'avis conforme du Sénat.

Le Sénat peut être constitué en **haute cour de justice** pour juger le Président de la République ou les ministres, s'ils ont été mis en accusation par la Chambre des députés.

Les Chambres se réunissent de plein droit au mois de janvier. Elles peuvent être convoquées en sessions extraordinaires par le Président de la République.

RÉSUMÉ.

La Chambre des députés est nommée directement par le suffrage universel au scrutin d'arrondissement.

Le Sénat est nommé au suffrage à deux degrés ; il comprend soixante-quinze sénateurs inamovibles.

La Chambre des députés et le Sénat votent les lois. Toute loi doit être votée par les deux Chambres.

Les lois de finances doivent être présentées d'abord à la Chambre des députés.

EXERCICES.

1. Comment est nommée la Chambre des députés ? — Combien de membres comprend-elle ?

2. Combien de membres comprend le Sénat ? — Comment sont-ils nommés ? — Sont-ils tous nommés de la même manière ?

3. A quel âge un citoyen est-il éligible à la Chambre des députés et au Sénat ?

4. Quelles sont les attributions de la Chambre des députés et du Sénat ?

5. La Chambre des députés n'a-t-elle pas une prérogative particulière en matière de lois de finances ?

6. Le Sénat n'a-t-il pas des attributions spéciales ?

CHAPITRE XX.

LE PRÉSIDENT DE LA RÉPUBLIQUE.

La Chambre des députés et le Sénat réunis sont la représentation complète de la France. Ils forment alors le **Congrès** ou **Assemblée nationale**, qui a le droit de réviser, c'est-à-dire de modifier la Constitution, et qui nomme le **Président de la République**, à l'expiration de ses pouvoirs, ou en cas de décès ou de démission.

Le **Président de la République** ainsi élu est le premier magistrat de la République. Il est le **chef du pouvoir exécutif.**

Voici ses attributions :

Il nomme directement, ou par ses ministres, à tous les emplois civils et militaires ;

Il dispose de la force armée ; il déclare la guerre, mais seulement avec le consentement des Chambres ;

Il promulgue les lois lorsqu'elles ont été votées par les deux Chambres ; il en surveille et en assure l'exécution ;

Il présente des projets de loi aux Chambres ;

Il peut, sur l'avis conforme du Sénat, dissoudre la Chambre des députés avant l'expiration légale de son mandat ;

Il a le droit de convoquer les Chambres en sessions extraordinaires ;

Il négocie et ratifie les traités avec les puissances étran-

gères; mais il doit en donner connaissance aux Chambres
aussitôt que l'intérêt ou la sûreté de l'État le permettent ;

Il a le droit de faire grâce aux condamnés ;

Il préside les solennités nationales ; les ambassadeurs et
envoyés des puissances étrangères sont accrédités auprès
de lui.

Le Président de la République est **élu pour sept ans ;**
il est **rééligible.**

Le Président de la République **n'est pas responsable**
de la direction donnée à la politique générale et à l'administration du pays ; comme nous allons le voir, cette responsabilité appartient aux ministres. Mais il **est responsable en cas de haute trahison** : si, par exemple, il
substituait sa volonté personnelle aux lois du pays, la
Chambre des députés le mettrait en accusation et le Sénat
le jugerait.

— Mais si, comme cela s'est vu le 2 décembre 1851, il
s'attaquait aux représentants de la nation, et les faisait arrêter et emprisonner ?

— Dans ce cas, ce serait un devoir pour tout citoyen de
lui résister. Mais une loi de 1872 a prévu le cas. Si, pour
une cause ou pour une autre, les Chambres ne pouvaient se
réunir et exercer leurs attributions, les conseils généraux
de tous les départements se réuniraient de plein droit et
nommeraient chacun deux délégués, afin de constituer une
assemblée politique qui gouvernerait provisoirement la République jusqu'au rétablissement de l'ordre.

RÉSUMÉ.

*Le Président de la République est élu pour sept ans
par le Sénat et la Chambre des députés réunis. Il est
rééligible.*

*Le Président de la République est le chef du pouvoir
exécutif, il n'est pas responsable de la politique et de
l'administration du pays.*

Dans le cas où les Chambres seraient dans l'impossi-

bilité de siéger, les conseils généraux constitueraient une assemblée chargée de gouverner la France.

EXERCICES.

1. Comment et pour quel temps est élu le Président de la République ?
2. Quelles sont ses principales attributions ?
3. Qui peut déclarer la guerre ?
4. Dans quel cas le Président de la République est-il responsable ?
5. Qu'arriverait-il si le Président de la République s'attaquait aux représentants de la nation ?

CHÁPITRE XXI.

LES MINISTRES.

Le Président de la République n'exerce pas seul le pouvoir exécutif. Il a des **ministres** qu'il choisit d'ordinaire parmi les membres de l'une ou l'autre Chambre.

D'après la Constitution, les ministres sont **solidairement responsables devant les Chambres de la politique générale du gouvernement, et individuellement de leurs actes personnels.** Cela doit être ; le gouvernement du pays ne peut être abandonné sans contrôle aux ministres ; ils doivent compte de leurs actes aux Chambres qui représentent la nation.

Quand l'accord a cessé entre les Chambres et les ministres, le désaccord se manifeste par un **vote de défiance** ou le rejet d'un projet qu'ils avaient présenté. Ils donnent alors leur démission, et le président en choisit d'autres dans la **majorité** qui a renversé le précédent ministère.

Tous les **décrets** du Président de la République doivent être contresignés par un ministre. En les contresignant, le ministre en endosse la responsabilité. C'est une conséquence de l'irresponsabilité du Président de la République et de la responsabilité des ministres.

Les ministres ont d'importantes attributions.

En premier lieu, ils dirigent la politique générale du pays, soit à l'intérieur, soit à l'extérieur.

En second lieu, chacun d'eux a dans son ministère spécial des fonctions administratives. Ainsi, le Ministre de l'instruction publique administre les écoles, les lycées et collèges, les écoles normales et les Facultés ; le Ministre des finances est le chef des percepteurs, des receveurs de toute sorte, des trésoriers généraux. Chacun, dans son ministère, prend les mesures propres à améliorer le service qui lui est confié.

Les ministres présentent des **décrets** à la signature du Président de la République ;

Ils prennent des **arrêtés** ;

Ils donnent des **instructions** sous forme de **circulaires**.

Tout citoyen qui se croit lésé dans ses biens et dans ses droits par l'acte d'un ministre, peut déférer cet acte au **Conseil d'État**.

Le **Conseil d'État** n'a pas seulement les attributions judiciaires que nous avons précédemment indiquées ; il peut être chargé par le Président de la République de préparer des projets de loi à soumettre aux Chambres ; en outre, il est certains décrets qui ne peuvent être rendus qu'après que le Conseil d'État a examiné s'ils ne sont pas contraires aux lois existantes.

RÉSUMÉ.

Les ministres sont nommés par le Président de la République et pris parmi la majorité du parlement.

Le ministère est responsable de la politique et de l'administration du pays. Il rend compte de ses actes aux Chambres qui représentent la nation.

EXERCICES.

1. Qui nomme les ministres ?
2. Où le Président de la République prend-il ses ministres ?
3. Qu'est-ce que la responsabilité ministérielle ?

4. Qu'arrive-t-il quand le ministère n'a plus la confiance dés Chambres ?

5. Quelles sont les attributions des ministres ?

6. Que doivent faire les citoyens qui se croient lésés dans leurs droits par les actes des ministres ?

CHAPITRE XXII.

LA SOUVERAINETÉ NATIONALE.

Vous l'avez vu, mes enfants, dans notre France démocratique et républicaine, **tout pouvoir vient du peuple** ; qu'il s'agisse de la commune, du département ou de l'État, la souveraineté n'appartient pas à ceux qui sont chargés pour un temps de l'administration des affaires publiques ; elle appartient au peuple qui les élit : conseillers municipaux, maires, conseillers généraux, préfets, députés, sénateurs, ministres, tous, jusqu'au Président de la République sont les mandataires et les serviteurs de la nation : ils ne sont pas ses maîtres.

C'est le peuple qui est souverain dans la commune, car c'est lui qui élit, pour faire les affaires de la commune, les conseils municipaux, lesquels à leur tour élisent les maires et les adjoints.

C'est le peuple qui est souverain dans le département, car c'est lui qui élit les conseillers généraux, pour faire les affaires du département.

C'est le peuple qui est souverain dans l'État, car c'est lui qui élit les députés et les sénateurs, lesquels à leur tour élisent le Président de la République, et devant qui les ministres sont responsables de la politique et de l'administration générale du pays.

En France, il **n'y a ni classes privilégiées, ni citoyens privilégiés** ; il n'y a pas d'un côté des maitres, et de l'autre des sujets ; tous les citoyens sont sujets de la loi ; mais ils sont tous souverains ; la souveraineté réside

PRINCIPES. 12

en eux tous, et ce que la majorité a décidé est la loi de tous.

Ceci, mes enfants, est une conséquence des grandes vérités morales que nous avons étudiées ensemble dans la première partie de ce livre.

L'homme, avons-nous vu, est un être libre et raisonnable; comme être libre, il peut faire ce qu'il veut; comme être raisonnable, il doit faire ce que sa raison et sa conscience lui commandent. Il est donc à la fois son propre maître et le sujet de sa raison et de sa conscience.

Un peuple n'est pas un troupeau; c'est une collection d'hommes libres et raisonnables; dès lors chacun a dans la société les mêmes droits que les autres; par suite il n'en est pas un qui tienne de sa naissance le droit de commander aux autres; tous sont égaux; tous sont souverains.

Le pouvoir appartient donc à la nation tout entière; c'est au nom de la nation et pour le bien de la nation qu'il doit être exercé par les citoyens auxquels la nation le confie.

RÉSUMÉ.

Tout pouvoir vient du peuple.

La souveraineté réside dans la nation tout entière; elle est indivisible; aucun citoyen n'a le droit de substituer sa volonté à la volonté nationale.

La nation est souveraine parce qu'elle est composée d'hommes libres, raisonnables et égaux.

EXERCICES.

1. Qu'est-ce que la souveraineté nationale?
2. Montrer par des exemples que la souveraineté nationale existe en France.
3. Y a-t-il en France des classes ou des citoyens privilégiés?
4. Pourquoi la nation est-elle souveraine?

CHAPITRE XXIII.

LES LIMITES DE LA SOUVERAINETÉ NATIONALE.

Le peuple est souverain. Les décisions de la majorité des citoyens doivent être respectées par tous les citoyens sans exception. Mais ce pouvoir souverain est-il sans limite ? Peut-on, par exemple, au nom de la souveraineté nationale interdire à un citoyen paisible, inoffensif, respectueux des lois, de vivre comme il l'entend, d'aller où il veut, de demeurer où bon lui semble, de professer la religion qu'il préfère ou de n'en pas professer du tout, de faire de ses biens l'usage qu'il veut ?

Vous n'hésiterez certainement pas à répondre : Non, cela ne se peut pas.

— Et pourquoi cela ne se peut-il pas ?

— Vous le savez bien ; c'est que l'homme a des droits auxquels personne ne doit toucher. — Ma personne est sacrée ; ma liberté l'est aussi ; ma propriété l'est de même. Comment voulez-vous que la société ait le droit de faire ce qui est interdit à chaque citoyen pris en particulier ? Un citoyen qui en attaque un autre est condamné par les tribunaux ; de même, celui qui entrave la liberté d'autrui ; de même encore celui qui vole le bien d'autrui. et la société pourrait faire tout ce qu'elle défend à chaque citoyen !

Au nom de quel droit ? La société n'est-elle pas la collection de tous les citoyens, et son but n'est-il pas précisément de protéger leurs droits ?

L'état de société où nous vivons nous impose des devoirs et des charges. Il nous faut, vous le savez, arrêter les manifestations de notre liberté devant la liberté d'autrui ; il faut passer plusieurs années sous les drapeaux ; il nous faut payer l'impôt. Ces devoirs et ces charges sont justement le prix dont nous payons la protection de nos droits. La société les exigerait de nous non pour nous protéger, mais pour nous opprimer ! Autant vaudrait retourner à l'état sauvage !

Le peuple a beau être souverain, il n'a pas une puissance illimitée. En lui réside la puissance politique tout entière ; **mais cette puissance a pour limites les droits individuels des citoyens.** La loi ne peut me contraindre à résider où je ne voudrais pas ; elle ne peut me forcer à pratiquer une religion à laquelle je ne croirais pas ; elle ne peut confisquer mes biens. Je dois à la société quelques années de ma vie en temps de paix ; ma vie en temps de guerre ; une partie de mes biens en tout temps. Mais pour prix de ces sacrifices la société doit me garantir l'exercice de mes droits.

RÉSUMÉ.

La souveraineté nationale a pour limites la liberté individuelle, la liberté de conscience et la propriété des citoyens.

EXERCICES.

1. La souveraineté nationale est-elle illimitée ?
2. Quelles sont ses limites ?
3. Comment se fait-il qu'elle ait des limites ?

CHAPITRE XXIV.

L'EXERCICE DE LA SOUVERAINETÉ : LE SUFFRAGE UNIVERSEL.

La souveraineté nationale réside dans le peuple français tout entier. C'est fort bien. Mais comment s'exercera-t-elle ?

Le peuple français comprend plusieurs millions de citoyens ; ces citoyens sont répartis sur tout le territoire, de la Méditerranée au Pas-de-Calais, des Alpes à l'Océan, dans plusieurs milliers de communes. Comment tous ces souverains pourront-ils s'entendre pour faire des lois communes à tous? Et si, par impossible, ils parviennent à s'entendre, qui sera chargé de faire exécuter les lois qu'ils auront faites?

Vous le voyez donc bien clairement : **le peuple souverain ne peut exercer directement sa souveraineté,** c'est-à-dire faire lui-même les lois et les faire exécuter.

Comment donc l'exercera-t-il? — Vous le savez déjà : c'est par **délégation.** — Les conseillers municipaux, qui font les affaires de la commune, sont les délégués des citoyens de la commune; les conseillers généraux, qui font les affaires du département, sont les délégués des citoyens du département; les députés, qui font les affaires du pays tout entier, sont les délégués de la France entière. En les élisant, le peuple leur confie sa souveraineté, pour qu'ils l'exercent en son nom et en vue de ses intérêts. Mais l'élection ne transforme pas les élus en maîtres du peuple ; le pouvoir qu'ils ont, ils le tiennent du peuple, ils ne l'ont que pour un temps, et, ce temps écoulé, ils devront rendre compte au peuple de la façon dont ils en auront usé.

C'est pour cela que les fonctions électives ne durent qu'un temps. Ainsi on renouvelle les conseils municipaux tous les trois ans, la Chambre tous les quatre ans. Quand vient le renouvellement, si les élus ne sont plus d'accord avec les électeurs, s'ils ont perdu leur confiance, le peuple en nomme d'autres.

Ainsi les citoyens n'exercent pas leur souveraineté en prenant une part directe au gouvernement du pays, mais en nommant des représentants. Le vote est donc l'acte par lequel se manifeste la souveraineté de chaque citoyen.

Que va-t-il en résulter? — Puisque la souveraineté appartient au peuple tout entier, et non pas à telle ou telle catégorie de citoyens, tout citoyen doit avoir le droit de voter.

Il n'en a pas toujours été ainsi. C'est seulement depuis la République de 1848 que le **suffrage universel** a été proclamé en France. Autrefois il fallait avoir une certaine fortune pour avoir droit de voter; c'était le **suffrage restreint.** Aujourd'hui, tout citoyen, qu'il soit pauvre ou qu'il soit riche, est électeur, sauf bien entendu ceux qui ont été privés de leurs droits politiques par un jugement des tribunaux, comme les voleurs et les banqueroutiers.

Le suffrage universel est une conséquence de la souveraineté nationale.

RÉSUMÉ.

Le peuple n'exerce pas directement sa souveraineté ; il l'a délègue temporairement à des mandataires élus par lui.

Tout citoyen français est électeur.

EXERCICES.

1. La nation peut-elle exercer directement sa souveraineté ?
2. Comment l'exerce-t-elle ?
3. Montrez comment le peuple en confiant pour un temps sa souveraineté à des représentants élus par lui ne s'en dépouille pas.
4. Qu'est-ce que le suffrage universel ?
5. Qu'est-ce que le suffrage restreint ?
6. Depuis quelle époque avons-nous le suffrage universel ?
7. Montrez que le suffrage universel est une conséquence de la souveraineté nationale.

CHAPITRE XXV.

LA LOI ÉLECTORALE.

Puisque tout citoyen est électeur et que le vote est l'acte capital de la vie civique, vous comprenez sans peine combien il importe de connaitre la loi électorale de notre pays.

En voici les dispositions principales.

Parlons d'abord des **électeurs**. — **A vingt et un ans**, tout citoyen est **électeur**.

Il doit être inscrit à partir de cet âge sur la **liste électorale** de sa commune. Cette liste comprend le nom de tous les électeurs de la commune.

Chaque année on la révise. On raye les électeurs qui ont quitté la commune, et on inscrit au contraire ceux qui sont venus y demeurer.

Pendant plusieurs jours, chaque année, les **listes électorales** sont mises à la mairie à la disposition des électeurs. Il est bon d'aller voir si on est inscrit, car si on ne l'était pas, on ne pourrait pas voter.

Les militaires ne votent pas quand ils sont en activité de service; mais si au moment d'une élection, ils se trouvent en congé, ils peuvent alors voter dans la commune où ils sont inscrits.

Parlons maintenant des **éligibles**.

A vingt-cinq ans, tout électeur est **éligible** au conseil municipal, au conseil d'arrondissement, au conseil général et à la Chambre des députés; mais on ne peut entrer au Sénat qu'à quarante ans.

L'exercice des fonctions publiques rétribuées par l'État est incompatible avec le mandat de député ; de même, dans la commune, un fonctionnaire payé sur les fonds communaux ne peut être élu conseiller municipal. Ainsi un préfet qui voudrait se présenter à la députation, devrait donner sa démission de préfet.

Pour être élu, il faut avoir obtenu la majorité absolue des suffrages exprimés, et un nombre de suffrages égal au quart des électeurs inscrits. Ainsi votre commune, je suppose, a huit cents électeurs ; lors d'une élection au conseil municipal, cinq cents seulement sont venus voter. Pour être élu, il a fallu avoir deux cent cinquante et une voix, — majorité absolue. — Mais s'il n'était venu voter que trois cents électeurs, un candidat n'aurait pas été élu avec cent cinquante et une voix, car bien qu'il eût eu la majorité absolue, il n'aurait pas un nombre de voix égal au quart des électeurs inscrits.

Quand les candidats n'ont pas eu une première fois le nombre de voix réglementaire, on recommence huit ou quinze jours après, et cette fois c'est celui qui a le plus de voix qui est élu, alors même qu'il en aurait moins que le quart des électeurs inscrits.

RÉSUMÉ.

Tout citoyen est électeur à 21 ans.

Les électeurs de chaque commune sont inscrits sur une liste électorale qu'on révise tous les ans.

Tout électeur est éligible à 25 ans, sauf au Sénat.

Pour être élu, il faut, dans toute élection, avoir obtenu la majorité absolue et un nombre de voix égal au quart des électeurs inscrits. Quand le premier tour de scrutin n'a pas donné de résultats, il suffit, pour être élu au second tour, d'avoir la majorité relative.

EXERCICES.

1. A quel âge est-on électeur ?
2. Qu'est-ce que la liste électorale ?
3. Qu'est-ce que la révision de la liste électorale ?
4. Les militaires votent-ils ? Dans quel cas peuvent-ils voter ?
5. A quel âge est-on éligible ?
6. Tout le monde est-il éligible ?
7. Quelles sont les conditions de l'élection ?
8. Qu'est-ce que la majorité absolue et la majorité relative ?

CHAPITRE XXVI.

LE SCRUTIN.

Voyons maintenant comment se fait le scrutin.

Dans la quinzaine qui précède le jour fixé pour l'élection, le maire est tenu de faire remettre à chaque électeur de la commune sa **carte d'électeur.** Sur cette carte sont inscrits les nom, prénoms, profession et domicile de l'électeur et le numéro qu'il porte sur la liste électorale.

Le vote a lieu au chef-lieu de la commune, dans une salle où les électeurs peuvent pénétrer, à la condition de ne pas être porteurs d'armes apparentes ou cachées.

A l'heure fixée pour l'**ouverture du scrutin**, le maire

ou un conseiller municipal délégué par lui, invite parmi les
électeurs présents, les deux plus âgés et les deux plus jeunes
à venir siéger à ses côtés comme assesseurs. A eux cinq,
ils forment le **bureau électoral**.

Une fois le bureau constitué, le président ouvre la **boîte
du scrutin** et fait voir qu'elle ne contient rien ; puis il la
ferme à double clef, et remet l'une de ces clefs à l'assesseur
le plus âgé.

Chaque électeur qui se présente pour voter exhibe sa carte
d'électeur. Un des assesseurs la vérifie en se reportant à la
liste électorale. La vérification faite, l'électeur remet son
bulletin de vote plié au président du bureau, et celui-ci l'introduit dans la boîte du scrutin par une petite ouverture
ménagée à cet effet. On fait, sur la liste électorale, une
marque devant le nom de chaque électeur qui a voté.

Le soir venu, une fois le scrutin clos, on commence par
compter sur la liste électorale le nombre des électeurs qui
ont voté ; puis on ouvre la boîte; on compte les bulletins
de vote qu'elle renferme, et on les ouvre en présence des
électeurs. C'est ce qu'on appelle le **dépouillement du
scrutin**.

Vous voyez quelles précautions on prend pour éviter les
fraudes. On n'en saurait trop prendre pour une chose aussi
importante que le vote.

RÉSUMÉ.

Le vote a lieu au chef-lieu de la commune.

*Tout électeur, pour être admis à voter, doit pré-
senter sa carte d'électeur.*

*Les votes sont reçus publiquement par un bureau
composé du maire ou d'un conseiller municipal et de
quatre assesseurs pris parmi les électeurs.*

Le dépouillement du vote est public.

EXERCICES.

1. Qu'est-ce que la carte d'électeur ?
2. Où a lieu le vote ?.

3. Qu'est-ce que la boîte du scrutin ?

4. Comment est composé le bureau électoral ?

5. Comment vérifie-t-on l'identité des électeurs qui se présentent pour voter ?

6. Qu'est-ce que le dépouillement du scrutin ?

CHAPITRE XXVII.

LES PRINCIPES DE NOTRE DROIT PUBLIC.
LA DÉCLARATION DES DROITS DE L'HOMME.

La souveraineté nationale est une conséquence de l'**égalité** et de la **liberté** des citoyens.

Cette égalité et cette liberté n'ont pas toujours été reconnues ; il n'y a même pas longtemps qu'elles le sont. Avant la Révolution de 1789, il y avait en France un roi qui recevait de son père et transmettait à ses descendants un pouvoir absolu, arbitraire, sans limite et sans contrôle, qu'il prétendait tenir de Dieu lui-même ; il y avait dans la nation des classes privilégiées qui se croyaient d'autres droits que les bourgeois et les manants.

La Révolution française a eu l'impérissable honneur de supprimer les privilèges et les classes, et de proclamer les **Droits de l'homme et du citoyen.**

Voici cette déclaration immortelle que tout Français devrait savoir par cœur :

« Les Représentants du Peuple français, constitués en Assemblée nationale, considérant que l'ignorance, l'oubli ou le mépris des droits de l'homme sont les seules causes des malheurs publics et de la corruption des gouvernements, ont résolu d'exposer, dans une déclaration solennelle, les droits naturels, inaliénables et sacrés de l'homme, afin que cette déclaration, constamment présente à tous les membres du corps social, leur rappelle sans cesse leurs droits et leurs devoirs ; afin que les actes du pouvoir législatif et ceux du pouvoir exécutif, pouvant être à chaque instant comparés avec le but de toute institution politique, en soient plus respectés; afin que les réclamations des citoyens, fondées désormais sur des principes simples et incontestables, tournent toujours au maintien de la Constitution et au bonheur de tous.

» En conséquence, l'Assemblée nationale reconnaît et déclare en présence, et sous les auspices de l'Être suprème, les droits suivants de l'homme et du citoyen :

» ART. 1er. — Les hommes naissent et demeurent libres et égaux en droits. Les distinctions sociales ne peuvent être fondées que sur l'utilité commune.

» ART. 2. — Le but de toute association politique est la conservation des droits naturels et imprescriptibles de l'homme. Ces droits sont la liberté, la propriété, la sûreté, et la résistance à l'oppression.

» ART. 3. — Le principe de toute souveraineté réside essentiellement dans la nation. Nul corps, nul individu ne peut exercer d'autorité qui n'en émane expressément.

» ART. 4. — La liberté consiste à pouvoir faire tout ce qui ne nuit pas à autrui ; ainsi l'exercice des droits naturels à chaque homme n'a de bornes que celles qui assurent aux autres membres de la société la jouissance de ces mêmes droits. Ces bornes ne peuvent être déterminées que par la loi.

» ART. 5. — La loi n'a le droit de défendre que les actions nuisibles à la Société. Tout ce qui n'est pas défendu par la loi ne peut être empêché et nul ne peut être contraint à faire ce qu'elle n'ordonne pas.

» ART. 6. — La loi est l'expression de la volonté générale. Tous les citoyens ont le droit de concourir personnellement, ou par leurs représentants, à sa formation. Elle doit être la même pour tous, soit qu'elle protège, soit qu'elle punisse. Tous les citoyens étant égaux à ses yeux, sont également admissibles à toutes dignités, places et emplois publics, selon leur capacité et sans autre distinction que celle de leurs vertus et de leurs talents.

» ART. 7. — Nul homme ne peut être accusé, arrêté, ni

détenu que dans les cas déterminés par la loi et selon les formes qu'elle a prescrites. Ceux qui sollicitent, expédient, exécutent ou font exécuter des ordres arbitraires, doivent être punis; mais tout citoyen appelé ou saisi en vertu de la loi doit obéir à l'instant : il se rend coupable par sa résistance.

» Art. 8. — La loi ne doit établir que des peines strictement et évidemment nécessaires; et nul ne peut être puni qu'en vertu d'une loi établie et promulguée antérieurement au délit et légalement appliquée.

» Art. 9. — Tout homme étant présumé innocent jusqu'à ce qu'il ait été déclaré coupable, s'il est indispensable de l'arrêter, toute rigueur qui ne serait pas nécessaire pour s'assurer de sa personne, doit être sévèrement réprimée par la loi.

» Art. 10. — Nul ne doit être inquiété pour ses opinions, même religieuses, pourvu que leur manifestation ne trouble pas l'ordre public établi par la loi.

» Art. 11. — La libre communication des pensées et des opinions est un des droits les plus précieux de l'homme : tout citoyen peut donc parler, écrire, imprimer librement, sauf à répondre de l'abus de cette liberté dans les cas déterminés par la loi.

» Art. 12. — La garantie des droits de l'homme et du citoyen nécessite une force publique; cette force est donc instituée pour l'avantage de tous, et non pour l'utilité particulière de ceux auxquels elle est confiée.

» Art. 13. — Pour l'entretien de la force publique et pour les dépenses d'administration, une contribution commune est indispensable : elle doit être également répartie entre tous les citoyens, en raison de leurs facultés.

» Art. 14. — Tous les citoyens ont le droit de constater, par eux-mêmes ou par leurs représentants, la nécessité de la contribution publique, de la consentir librement, d'en suivre l'emploi, et d'en déterminer la quotité, l'assiette, le recouvrement et la durée.

» Art. 15. — La société a le droit de demander compte à tout agent public de son administration.

» ART. 16. — Toute société dans laquelle la garantie des droits n'est pas assurée, ni la séparation des pouvoirs déterminée, n'a pas de constitution.

» ART. 17. — La propriété étant un droit inviolable et sacré, nul ne peut en être privé, si ce n'est lorsque la nécessité publique, légalement constatée, l'exige évidemment, et sous la condition d'une juste et préalable indemnité. »

Enfants, vous devez comprendre maintenant pourquoi la République qui s'inspire des principes posés par la Déclaration des Droits de l'homme a pris pour devise ces trois mots :

LIBERTÉ, ÉGALITÉ, FRATERNITÉ.

FIN.

APPENDICE

LOIS CONSTITUTIONNELLES DE LA FRANCE

Loi du 25 février 1875 relative à l'organisation des pouvoirs publics.

Art. 1er. — Le pouvoir législatif s'exerce par deux assemblées : la Chambre des députés et le Sénat.

La Chambre des députés est nommée par le suffrage universel, dans les conditions déterminées par la loi électorale.

La composition, le mode de nomination et les attributions du Sénat seront réglés par une loi spéciale.

Art. 2. — Le Président de la République est élu à la majorité absolue des suffrages par le Sénat et par la Chambre des députés réunis en Assemblée nationale. Il est nommé pour sept ans ; il est rééligible.

Art. 3. — Le Président de la République a l'initiative des lois, concurremment avec les membres des deux Chambres. Il promulgue les lois lorsqu'elles ont été votées par les deux Chambres ; il en surveille et en assure l'exécution.

Il a le droit de faire grâce ; les amnisties ne peuvent être accordées que par une loi.

Il dispose de la force armée.

Il nomme à tous les emplois civils et militaires.

Il préside aux solennités nationales ; les envoyés et les ambassadeurs des puissances étrangères sont accrédités auprès de lui.

Chacun des actes du Président de la République doit être contre-signé par un ministre.

ART. 4. — Au fur et à mesure des vacances qui se produiront à partir de la promulgation de la présente loi, le Président de la République nomme, en conseil des ministres, les conseillers d'État en service ordinaire.

Les conseillers d'État ainsi nommés ne pourront être révoqués que par décision prise en conseil des ministres.

(Les conseillers d'État nommés en vertu de la loi du 24 mai 1872 ne pourront, jusqu'à l'expiration de leurs pouvoirs, être révoqués que dans la forme déterminée par cette loi).

(Après la séparation de l'Assemblée nationale, la révocation ne pourra être prononcée que par une résolution du Sénat).

ART. 5. — Le Président de la République peut, sur l'avis conforme du Sénat, dissoudre la Chambre des députés avant l'expiration légale de son mandat.

En ce cas, les collèges électoraux sont convoqués pour de nouvelles élections dans le délai de trois mois.

ART. 6. — Les ministres sont solidairement responsables devant les Chambres de la politique générale du gouvernement, et individuellement de leurs actes personnels.

Le Président de la République n'est responsable que dans le cas de haute trahison.

ART. 7. — En cas de vacance par décès ou pour toute autre cause, les deux Chambres réunies procèdent immédiatement à l'élection d'un nouveau président. Dans l'intervalle, le Conseil des ministres est investi du pouvoir exécutif.

ART. 8. — Les Chambres auront le droit, par délibérations séparées, prises dans chacune à la majorité absolue des voix, soit spontanément, soit sur la demande du Président de la République, de déclarer qu'il y a lieu de réviser les lois constitutionnelles.

Après que chacune des deux Chambres aura pris cette résolution, elles se réuniront en Assemblée nationale pour procéder à la révision.

Les délibérations portant révision des lois constitutionnelles, en tout ou en partie, devront être prises à la majorité absolue des membres composant l'Assemblée nationale.

Loi du 24 février 1875 relative à l'organisation du Sénat.

ART. 1er. — Le Sénat se compose de trois cents membres : deux cent vingt-cinq élus par les départements et les colonies, et soixante-quinze élus par l'Assemblée nationale.

Art. 2. — Les départements de la Seine et du Nord éliront chacun cinq sénateurs ;

Les départements de la Seine-Inférieure, Pas-de-Calais, Gironde, Rhône, Finistère, Côtes-du-Nord, chacun quatre sénateurs ;

Les départements de la Loire-Inférieure, Saône-et-Loire, Ille-et-Vilaine, Seine-et-Oise, Isère, Puy-de-Dôme, Somme, Bouches-du-Rhône, Aisne, Loire, Manche, Maine-et-Loire, Morbihan, Dordogne, Haute-Garonne, Charente-Inférieure, Calvados, Sarthe, Hérault, Basses-Pyrénées, Gard, Aveyron, Vendée, Orne, Oise, Vosges, Allier, chacun trois sénateurs.

Tous les autres départements, chacun deux sénateurs.

Le territoire de Belfort, les trois départements de l'Algérie, les quatre colonies de la Martinique, de la Guadeloupe, de la Réunion et des Indes françaises éliront chacun un sénateur.

Art. 3. — Nul ne peut être sénateur s'il n'est Français, âgé de quarante ans au moins, et s'il ne jouit de ses droits civils et politiques.

Art. 4. — Les sénateurs des départements et des colonies sont élus à la majorité absolue, et, quand il y a lieu, au scrutin de liste, par un collège réuni au chef-lieu du département ou de la colonie, et composé : 1° des députés ; 2° des conseillers généraux ; 3° des conseillers d'arrondissement ; 4° des délégués élus, un par chaque conseil municipal, parmi les électeurs de la commune.

Dans l'Inde française, les membres du conseil colonial ou des conseils locaux sont substitués aux conseillers généraux, aux conseillers d'arrondissement et aux délégués des conseils municipaux. Ils votent au chef-lieu de chaque établissement.   ·

Art. 5. — Les sénateurs nommés par l'Assemblée sont élus au scrutin de liste et à la majorité absolue des suffrages.

Art. 6. — Les sénateurs des départements et des colonies sont élus pour neuf années et renouvelables par tiers, tous les trois ans.

Au début de la première session, les départements seront divisés en trois séries, contenant chacune un nombre égal de sénateurs ; il sera procédé, par la voie du tirage au sort, à la désignation des séries qui devront être renouvelées à l'expiration de la première et de la deuxième période triennale.

Art. 7. — Les sénateurs élus par l'Assemblée sont inamovibles.

En cas de vacance par décès, démission ou autre cause, il sera, dans les deux mois, pourvu au remplacement par le Sénat lui-même.

Art. 8. — Le Sénat a, concurremment avec la Chambre des députés, l'initiative et la confection des lois. Toutefois, les lois de finances doivent être, en premier lieu, présentées à la Chambre des députés et votées par elle.

ART. 9. — Le Sénat peut être constitué en cour de justice pour juger soit le Président de la République, soit les ministres, et pour connaître des attentats commis contre la sûreté de l'État.

ART. 10. — (Il sera procédé à l'élection du Sénat un mois avant l'époque fixée par l'Assemblée nationale pour sa séparation.)

(Le Sénat entrera en fonctions et se constituera le jour même où l'Assemblée nationale se séparera.)

Loi du 16 juillet 1875 sur les rapports des pouvoirs publics.

ART. 1er. — Le Sénat et la Chambre des députés se réunissent chaque année, le second mardi de janvier, à moins d'une convocation antérieure faite par le Président de la République.

Les deux Chambres doivent être réunies en session cinq mois au moins chaque année. La session de l'une commence et finit en même temps que celle de l'autre.

Le dimanche qui suivra la rentrée, des prières publiques seront adressées à Dieu dans les églises et dans les temples pour appeler son secours sur les travaux des Assemblées.

ART. 2. — Le Président de la République prononce la clôture de la session. Il a le droit de convoquer extraordinairement les Chambres.

Il devra les convoquer, si la demande en est faite, dans l'intervalle des sessions, par la majorité absolue des membres composant chaque Chambre.

Le Président peut ajourner les Chambres. Toutefois l'ajournement ne peut excéder le terme d'un mois, ni avoir lieu plus de deux fois dans la même session.

ART. 3. — Un mois au moins avant le terme légal des pouvoirs du Président de la République, les Chambres devront être réunies en Assemblée nationale pour procéder à l'élection du nouveau président.

A défaut de convocation, cette réunion aurait lieu de plein droit le quinzième jour avant l'expiration de ces pouvoirs.

En cas de décès ou de démission du Président de la République, les deux Chambres se réunissent immédiatement et de plein droit.

Dans le cas où, par application de l'article 5 de la loi du

25 février 1875, la Chambre des députés se trouverait dissoute au moment où la Présidence de la République deviendrait vacante, les collèges électoraux seraient aussitôt convoqués, et le Sénat se réunirait de plein droit.

Art. 4. — Toute assemblée de l'une des deux Chambres qui serait tenue hors du temps de la session commune est illicite et nulle de plein droit, sauf le cas prévu par l'article précédent et celui où le Sénat est réuni comme cour de justice, et, dans ce dernier cas, il ne peut exercer que des fonctions judiciaires.

Art. 5. — Les séances du Sénat et celles de la Chambre des députés sont publiques.

Néanmoins, chaque Chambre peut se former en comité secret, sur la demande d'un certain nombre de ses membres, fixé par le règlement.

Elle décide ensuite, à la majorité absolue, si la séance doit être reprise en public sur le même sujet.

Art. 6. — Le Président de la République communique avec les Chambres par des messages qui sont lus à la tribune par un ministre.

Les ministres ont leur entrée dans les deux Chambres et doivent être entendus quand ils le demandent. Ils peuvent se faire assister par des commissaires désignés, pour la discussion d'un projet de loi déterminé, par décret du Président de la République.

Art. 7. — Le Président de la République promulgue les lois dans le mois qui suit la transmission au gouvernement de la loi définitivement adoptée. Il doit promulguer dans les trois jours les lois dont la promulgation, par un vote exprès dans l'une et l'autre Chambre, aura été déclarée urgente.

Dans le délai fixé pour la promulgation, le Président de la République peut, par un message motivé, demander aux deux Chambres une nouvelle délibération, qui ne peut être refusée.

Art. 8. — Le Président de la République négocie et ratifie les traités. Il en donne connaissance aux Chambres aussitôt que l'intérêt et la sûreté de l'État le permettent.

Les traités de paix, de commerce, les traités qui engagent les finances de l'État, ceux qui sont relatifs à l'état des personnes et au droit de propriété des Français à l'étranger, ne sont définitifs qu'après avoir été votés par les deux Chambres. Nulle cession, nul échange, nulle adjonction de territoire ne peut avoir lieu qu'en vertu d'une loi.

Art. 9. — Le Président de la République ne peut déclarer la guerre sans l'assentiment préalable des deux Chambres.

Art. 10. — Chacune des Chambres est juge de l'éligibilité de ses membres et de la régularité de leur élection ; elle peut seule recevoir leur démission.

Art. 11. — Le bureau de chacune des deux Chambres est élu chaque année pour la durée de la session, et pour toute session extraordinaire qui aurait lieu avant la session ordinaire de l'année suivante.

Lorsque les deux Chambres se réunissent en Assemblée nationale, leur bureau se compose des président, vice-présidents et secrétaires du Sénat.

Art. 12. — Le Président de la République ne peut être mis en accusation que par la Chambre des députés et ne peut être jugé que par le Sénat.

Les ministres peuvent être mis en accusation par la Chambre des députés pour crimes commis dans l'exercice de leurs fonctions. En ce cas, ils sont jugés par le Sénat.

Le Sénat peut être constitué en cour de justice par un décret du Président de la République, rendu en conseil des ministres, pour juger toute personne prévenue d'attentat commis contre la sûreté de l'État.

Si l'instruction est commencée par la justice ordinaire, le décret de convocation du Sénat peut être rendu jusqu'à l'arrêt de renvoi.

Une loi déterminera le mode de procéder pour l'accusation, l'instruction et le jugement.

Art. 13. — Aucun membre de l'une ou de l'autre Chambre ne peut être poursuivi ou recherché à l'occasion des opinions ou votes émis par lui dans l'exercice de ses fonctions.

Art. 14. — Aucun membre de l'une ou de l'autre Chambre ne peut, pendant la durée de la session, être poursuivi ou arrêté, en matière criminelle ou correctionnelle ; qu'avec l'autorisation de la Chambre dont il fait partie, sauf le cas de flagrant délit.

La détention ou la poursuite d'un membre de l'une ou de l'autre Chambre est suspendue pendant la session, et pour toute sa durée si la Chambre le requiert.

TABLE DES MATIÈRES

PREMIÈRE PARTIE.

PRINCIPES DE MORALE.

LIVRE Iᵉʳ.

PRINCIPES GÉNÉRAUX DE LA MORALE.

Pages.

Chapitre Iᵉʳ.   La liberté..................................   1
Chapitre II.   La loi de la nature........................   4
Chapitre III.   La loi morale.............................   6
Chapitre IV.   Les vérités morales.......................   8
Chapitre V.   La conscience..............................   10
Chapitre VI.   Le devoir..................................   13
Chapitre VII.   Le devoir (suite)........................   16
Chapitre VIII.   Les égoïstes............................   18
Chapitre IX.   Les égoïstes (suite)......................   20
Chapitre X.   La vertu...................................   22
Chapitre XI.   La responsabilité.........................   24
Chapitre XII.   La responsabilité (suite)...............   26
Chapitre XIII.   La responsabilité (suite)..............   28
Chapitre XIV.   La responsabilité (suite et fin)........   30

LIVRE II.

LA FAMILLE.

Chapitre Iᵉʳ.   La famille. — Les devoirs des enfants envers
        leurs parents....................................   33

Chapitre II.   La famille : les frères et les sœurs........... 36
Chapitre III. La famille : le mariage..................... 38

LIVRE III.

NOS DEVOIRS ENVERS NOUS-MÊMES.

Chapitre Ier.   Le suicide................................ 41
Chapitre II.   Les devoirs envers le corps : la propreté, l'hy-
                giène, la gymnastique..................... 44
Chapitre III.   La tempérance............................. 46
Chapitre IV.   Le courage................................ 48
Chapitre V.   La dignité................................ 51
Chapitre VI.   La dignité (suite)........................ 53
Chapitre VII.   Les devoirs envers l'intelligence......... 55
Chapitre VIII. Le travail................................ 58
Chapitre IX.   L'économie et l'épargne................... 61

LIVRE IV.

NOS DEVOIRS ENVERS LES AUTRES HOMMES.

Chapitre Ier.   La réciprocité 63
Chapitre II.   Le respect de la vie d'autrui. — L'homicide,
                 le droit de légitime défense, la guerre...... 65
Chapitre III.   Le respect de la liberté d'autrui 67
Chapitre IV.   La propriété............................. 70
Chapitre V.   Comment on devient propriétaire........... 72
Chapitre VI.   Comment on devient propriétaire (suite)...... 74
Chapitre VII.   Le respect des contrats et de la parole
                 donnée................................. 76
Chapitre VIII.   Les devoirs professionnels................ 79
Chapitre IX.   Le mensonge............................. 81
Chapitre X.   Le respect de la réputation d'autrui......... 84
Chapitre XI.   Le droit................................. 86
Chapitre XII.   Les devoirs de bienfaisance................ 88
Chapitre XIII.   Les devoirs de bienfaisance (suite)........... 91
Chapitre XIV.   Le dévouement et la fraternité 93
Chapitre XV.   Comment nous devons traiter les animaux.... 95

LIVRE V.

LA PATRIE.

CHAPITRE Iᵉʳ. Ce qu'est la patrie........................ 98
CHAPITRE II. Le patriotisme.......................... 101
CHAPITRE III. Le respect des lois..................... 103
CHAPITRE IV. La défense de la patrie.................. 105
CHAPITRE V. Le service militaire..................... 108
CHAPITRE VI. Le drapeau............. 110
CHAPITRE VII. L'impôt. — Le devoir de payer l'impôt........ 112
CHAPITRE VIII. Les devoirs civiques..................... 115
CHAPITRE IX. Les devoirs civiques : devoirs des électeurs.. 118
CHAPITRE X. Les devoirs civiques : devoirs des élus....... 120
CHAPITRE XI. Les droits des citoyens................... 122
CHAPITRE XII. Les devoirs des femmes envers la patrie..... 126

DEUXIÈME PARTIE.

NOTIONS D'ENSEIGNEMENT CIVIQUE.

PRÉAMBULE. 129
CHAPITRE Iᵉʳ. La commune, le canton.................... 130
CHAPITRE II. L'arrondissement; le département........... 132
CHAPITRE III. L'État; les grands services de l'État.......... 134
CHAPITRE IV. La justice : les juges de paix, les tribunaux de
première instance........................ 136
CHAPITRE V. La justice : les cours d'appel; les cours d'as-
sises; les cours de cassation.............. 138
CHAPITRE VI. La justice : les tribunaux spéciaux, les tribu-
naux administratifs....................... 141
CHAPITRE VII. L'armée............................... 143
CHAPITRE VIII. L'armée (suite)......................... 146
CHAPITRE IX. L'instruction publique : l'enseignement pri-
maire. 148

CHAPITRE X.   L'instruction publique : l'enseignement secondaire 151

CHAPITRE XI.   L'instruction publique : l'enseignement supérieur 153

CHAPITRE XII.   Les travaux publics, l'agriculture, le commerce, les postes et télégraphes 155

CHAPITRE XIII.   Les affaires étrangères; l'intérieur 158

CHAPITRE XIV.   Les cultes; les beaux-arts 159

CHAPITRE XV.   Les finances : les impôts 162

CHAPITRE XVI.   Les finances : la perception des recettes... 164

CHAPITRE XVII.   Les finances : le paiement des dépenses ... 167

CHAPITRE XVIII.   Les pouvoirs publics, la Constitution de 1875. 169

CHAPITRE XIX.   La Chambre des députés, le Sénat 171

CHAPITRE XX.   Le Président de la République 173

CHAPITRE XXI.   Les ministres 175

CHAPITRE XXII.   La souveraineté nationale 177

CHAPITRE XXIII.   Les limites de la souveraineté 179

CHAPITRE XXIV. L'exercice de la souveraineté; le suffrage universel 180

CHAPITRE XXV.   La loi électorale 182

CHAPITRE XXVI.   Le scrutin 184

CHAPITRE XXVII. Les principes de notre droit public, la Déclaration des Droits de l'homme ...., 186

APPENDICE : Les lois constitutionnelles de la France 191

VERSAILLES, IMPRIMERIE CERF ET FILS, RUE DUPLESSIS, 59.

BIBLIOTHÈQUE NATIONALE

CHÂTEAU
de
SABLÉ

1991

www.ingramcontent.com/pod-product-compliance
Lightning Source LLC
Chambersburg PA
CBHW071945090426
42740CB00011B/1824